# 劳动微阅读

成云雷　毛聂聂　著

山东人民出版社·济南
国家一级出版社　全国百佳图书出版单位

**图书在版编目（CIP）数据**

劳动微阅读 / 成云雷，毛聂聂著 .—济南: 山东人民出版社, 2023.6

ISBN 978-7-209-13652-5

Ⅰ.①劳… Ⅱ.①成… ②毛… Ⅲ.①故事－作品集－中国－当代 Ⅳ.①I247.81

中国国家版本馆CIP数据核字（2023）第038708号

**劳动微阅读**

LAODONG WEI YUEDU

成云雷　毛聂聂　著

主管单位　山东出版传媒股份有限公司
出版发行　山东人民出版社
出 版 人　胡长青
社　　址　济南市市中区舜耕路517号
邮　　编　250003
电　　话　总编室（0531）82098914
　　　　　市场部（0531）82098027
网　　址　http://www.sd-book.com.cn
印　　装　青岛国彩印刷股份有限公司
经　　销　新华书店

规　　格　32开（148mm×210mm）
印　　张　6.25
字　　数　150千字
版　　次　2023年6月第1版
印　　次　2023年6月第1次
ISBN 978-7-209-13652-5
定　　价　36.00元

# 前言



习近平总书记说："劳动开创未来，奋斗成就梦想。实现中华民族伟大复兴的中国梦，要靠各行各业人们的辛勤劳动。"我们正在进行着前无古人的伟大事业。中华民族伟大复兴中国梦的实现，根本上靠劳动、靠劳动者创造。我国仍处于并将长期处于社会主义初级阶段，实现中国梦，创造更加美好的生活，任重而道远，需要我们每一个人继续付出辛勤劳动和艰苦努力。

勤劳是中华民族的传统美德，对劳动的肯定和赞誉是中国传统文化的重要内容。无论是中国古代，还是近现代革命、建设、改革的各个历史时期，包括当今我们所处的新时代，都产生了许多鼓舞人心的劳动故事，其中蕴含着丰富的热爱劳动、辛勤劳动、诚实劳动的劳动精神。本书精选不同历史时期的劳动故事，以"微阅读"的形式创作呈现，希望能够以活泼的内容带给读者愉快的阅读体验，帮助读者树立劳动最光荣、劳动最伟大、劳动最崇高、劳动最美丽的价值观念。

全书共分七个板块，内容几乎涵盖了中国历史和文化的方方面面：既有神话传说也有历史故事；既有物质文明生产的故事也有精神文明创造的故事；既讲革命时期的光荣传统也呈现建设时期的劳模风采；既有追赶世界先进的科学创新佳话，也有攻克“卡脖子”技术的大国工匠故事。这些故事旨在说明：“正是因为劳动创造，我们拥有了历史的辉煌；也正是因为劳动创造，我们拥有了今天的成就。”

最后，希望广大读者能够从本书所写的劳动故事中汲取正能量，在劳动中体现价值、展现风采、感受快乐，通过诚实劳动铸就辉煌。

劳动

# 目　录

# 劳动

## 神话传说

■ 神话传说是民族文化的根脉，蕴含着中华优秀传统文化的深刻智慧。无论是开天辟地还是愚公移山的故事，都表明了劳动创造世界的价值取向。劳动最崇高、劳动最伟大的精神，一直潜藏在民族文化的基因之中。

## 开天辟地

很久很久以前，天地还未形成，整个宇宙是一片混沌。它无边无沿，没有上下左右，也不分东南西北，样子像一个浑圆的鸡蛋，其中孕育着人类的祖先盘古。过了一万八千年，盘古被孕育成熟了，发现眼前一团漆黑，非常生气，就用斧子劈开这一团混沌。随着一声巨响，混沌世界一分为二：轻而清的阳气上升，变成了高高的蓝天；重而浊的阴气下沉，变成了广阔的大地。从此，宇宙间有了天地之分。

盘古出世后，头顶蓝天，脚踏大地，挺立在天地之间。以后，天每日增高一丈，地每日增厚一丈，盘古也每日长高一丈。这样经过了一万八千年，天高得不能再高，地厚得不能再厚，盘古也变成了顶天立地的巨人，像一根柱子一样撑着天和地，使它们不再变回混沌状态。

盘古开天辟地后，天地间只有他一个人。他高兴的时候，天空晴朗；他发怒的时候，天空阴沉；他哭泣的时候，天空下雨；他叹气的时候，大地上刮起狂风；他眨眼睛时，天空出现闪电；他打鼾的时候，天空响起雷声。

不知又过了多少年，盘古死了。他躺在大地上，头部变成了东岳泰山，脚变成了西岳华山，肚子变成了中岳嵩山，两个肩胛分别变成了南岳衡山和北岳恒山。至于他的头发和汗毛，则全部变成了花草树木。

## 女娲补天

远古时期，水神共工和火神祝融发生冲突，从天上一直打到地上。最后，祝融胜利，但败了的共工不服，一怒之下，将头撞向不周山。

后果是，不周山崩裂了，支撑天地之间的大柱子断了。天倒下了半边，出现了一个大窟窿，地也出现一道道大裂纹，山林烧起了大火，洪水从地底下喷涌而出，毒蛇猛兽也出来吞食百姓。

人类面临着空前的大灾难。女娲目睹人类遭到如此奇祸，感到无比痛苦，于是决心补天，以终止这场灾难。她选用各种各样的五色石子，架起火将它们熔化成浆，想用这种石浆将大窟窿填好，随后又斩下一只大龟的四脚，当作四根柱子，将倒塌的半边天支撑起来。

此外，女娲还擒杀了残害百姓的黑龙，打击了猛兽的嚣张气焰。为了使洪水不再泛滥，女娲收集了大量芦草，把它们烧成灰，堵塞四处横流的洪水。经过女娲一番辛劳整治，苍天总算补上了，地被填平了，洪水止住了，猛兽消失了，人类又重新过上安乐的生活。

女娲补天之后，天有些向西北倾斜，因此太阳、月亮和众星辰都自然地归向西方，又因地向东南倾斜，所以一切江河都往那里汇流。

# 神农尝百草

上古时期，人类不会种植庄稼，只是以打猎、捕鱼、吃野果度日。那时有个聪明人，肚子饿了，正想出去打猎，不料遇到了大暴雨，无法外出。但他饿得实在难受，就在洞外的野草丛中摘了些野草种子煮着吃。他吃了几大把后，肚子还真不饿了，便将这事告诉大家。大家也跟着摘野草种子吃，结果，真的顶饿。后来，人们就将这野草种子叫作“粮食”，那个聪明人，被尊称为“神农”。

一天，神农因为吃得太多，肚子胀得像大鼓。他想：这野草种子既能顶饿，说不定也能治胀病，便去找野草种子和野果子吃。他七吃八吃，后来真找到了山楂和萝卜，治好了胀病。一次，他头疼得睡不着觉，便又去找野果子吃，恰巧看到合欢树的叶片白天张开夜里合拢。他心想：我的眼睛要是能像这树叶一样，白天睁开看东西，夜里就合起来睡觉，那该多好呀。于是，他动手砍下一块合欢树皮熬水喝，结果还真的睡着觉了。

后来，神农只要觉得身体哪里不舒服，就去尝草治病，还把能治病的草告诉大家。渐渐地，他尝了几百种草，为自己和别人治好了许多疾病。传说神农头上长着神角，要是尝到毒草，觉得肚子难受，就低下头把神角朝地里一插，马上就可以解毒。

## 黄帝发明指南车

相传在4000多年前，为争夺适宜放牧和耕种的中原地区，黄帝部落和东方的蚩尤部落大战于涿鹿之野，战斗持续了半年，仍没有分出胜负。

黄帝部落比较强大，战争获胜的可能性大。但是，每当战斗即将胜利之时，总是有大雾迷漫山野，让人辨不出方向，蚩尤的军队便乘机撤退。几次三番后，黄帝决定一探究竟，查查这雾到底是怎么引起的。

于是，黄帝带着几名重要将领亲自登上山顶，侦察蚩尤部落的动静。一行人到了山上后，发现各处山谷雾气重重。湿而冷的雾向他们缓缓飘来，浪潮起伏，互相追逐，仿佛险恶海面上的波涛。浓雾遮蔽了所有景物，使人视线不清。可就在黄帝等人准备返回营地时，身边的大将突然发现了什么。

黄帝随着大将手指的方向望去，很快便发现在敌人的大营中，蚩尤正坐在祭坛上，身后扬起幽烟，徐徐作雾。雾从他的口中吐出，慢慢飞出营外，萦绕着山川巨野。这时，黄帝才明白这不是自然界之雾，而是蚩尤的诡计。若想破除迷雾，他必须造一样帮助士兵辨别方向的工具。

回营后，黄帝立即吩咐能工巧匠造指南车，让指南车辨认方向。在指南车造好后的黄昏时分，黄帝率领部落军兵，大举进攻蚩尤部落。这次，蚩尤再作雾也不灵了，黄帝部落在指南车的指引下，终于在迷雾中打败蚩尤，获得大胜。

这个故事虽然是传说，但流传很广，它说明了指向装置在中国的悠久历史。东汉大科学家张衡也曾发明过指南车，但造车方法失传了。直到三国时期，有个叫马钧的发明家，终于重新造出了指南车。

## 夸父追日

远古时代，有一位巨人名叫夸父。他力气非常大，一只手就能拔起一棵大树；抬脚走一步，就能跨过一条大河。

那个时候，生产力低下，人们住在丛林里，穿兽皮吃野果，生活非常艰难。每到冬天的夜晚，人们又冷又饿，因此大家都害怕黑夜，希望太阳在白天能停留得长一些。看到人们的艰难处境，善良的夸父决定追上太阳，请它在白天多停留一会儿。

于是，他为追赶太阳，不舍昼夜地奔跑。他走进太阳炎热的光环里，口中干渴，想喝水，发现黄河和渭河就在附近，便到这两条河中去喝水，一下子就把河水喝光了。他觉得不解渴，又想到北方的大泽中去喝水，结果走到半路就倒下了。他死后，他的身体变成了一座巍峨的大山；他丢下来的手杖，化作了邓林。

## 舜爱劳动

在中国古代圣人中，舜以热爱劳动著称。《史记·五帝本纪》记载，他曾“耕历山，渔雷泽，陶河滨”。

年轻的时候，舜在历山开荒耕田，用收获的粮食供养父母，还将粮食送给缺粮的人家。由于舜的倡导和示范，到历山开垦荒地的人越来越多。大家和睦相处，互让田畔，勤耕苦作，日子越过越好。

此后，舜又到雷泽去捕鱼。原先，这里的人们为了争夺渔业资源经常大打出手，甚至出现过人员伤亡。舜来了以后，常把自己发现的好渔场让给人家，还手把手教别人捕鱼。舜的真诚令人感动，在他的带动下，雷泽湖的社会风气越来越好，人们互让渔场，谦恭有礼，遇到困难也会互相帮助。

此外，舜又到黄河之滨学习制陶技艺。他通过走访工匠，熟悉生产流程，改进制陶方法，并不断摸索和试验，最终烧制出精美耐用的陶器，受到人们的认可和欢迎。

舜的所作所为，感化了无数人。原先那些四处漂泊的人，纷纷选择舜居住的地方搭房而居。于是，舜居住的地方一年的工夫就成了一个村落，两三年就成了一个小城镇。

## 大禹治水

尧在位的时候，黄河流域发生了大水灾，庄稼被淹，房子被毁，老百姓只好搬往高处，日子过得很艰难。

尧召开部落联盟会议，与大家商议治水的事宜。首领们都推荐鲧来治水，尧却不太信任鲧。首领们说："现在没有比鲧更合适的人了，咱们试一下吧！"尧听后，才勉强同意。

鲧花了9年时间治理洪水，却没有治理好。因为他只懂得水来土掩，造堤筑坝阻隔洪水，结果洪水冲塌了堤坝，水灾反而更严重了。

舜接替尧成为部落联盟首领后，亲自到治水的地方去考察。他发现鲧办事不力，就把鲧杀了。后来，舜不计前嫌，命鲧的儿子禹为司空，负责治水工程。

禹通过四处探察，决定采用疏导的方式治水。他和老百姓一起劳动，戴着箬帽，拿着锹，带头挖土、挑土，非常劳累。他新婚不久，为了治水，到处奔波，多次经过自己的家门，都没有进去。

当时，黄河中游有一座大山，叫龙门山。它堵塞了河水的去路，把河道挤得十分狭窄。奔腾东下的河水受到龙门山的阻挡，常常溢出河道，引起大水灾。

禹到了那里，观察好地形，带领人们凿龙门山，最终凿开了一个大口子。这样，河水就可以畅通无阻地往东流了。

经过13年的努力，禹终于将洪水引入大海，人们又可以在原来被洪水淹没的地方种庄稼了。后世之人称颂禹治水的功绩，尊称他为“大禹”。大禹因为治水有功，在舜死后成为部落联盟的新首领。

# 愚公移山

太行、王屋两座山，方圆七百里，高七八千丈，位于冀州的南边河阳的北边。

北山下有位名叫愚公的老者，近90岁，面对着山居住。因大山的阻塞，村民进进出出都要绕路。于是，愚公召集全家人一起商量：“我跟你们尽全力铲除这两座险峻的大山，让道路直通豫州南部，抵达汉水南岸，好吗？”大部分家人表示赞同。他的妻子却质疑道：“凭你的力气，连魁父这座小山都不能移掉，又能把太行、王屋怎么样呢？再说，挖下来的土和石头又要放到哪里？”众人建议道：“将它们放到渤海的边上，隐土的北边。”

于是，愚公率领儿孙中能挑担子的三个人上了山，凿石挖土，再用筐挑到渤海边。邻居京城氏的寡妇有个儿子，刚刚到换牙的年纪，蹦蹦跳跳地跑去帮忙。寒来暑往，他们才能往返一次。

有位人称智叟的老头讥笑愚公，阻止他移山，说：“你真是太愚蠢了！你年老力衰，恐怕连山上的一棵草都拔不动，又怎能移走泥土石头呢？”愚公长叹一声，说：“你思想顽固，都不如孤儿寡妇。即使我死了，还有儿子在；儿子又生孙子，孙子又生儿子；儿子又有儿子，儿子又有孙子；子子孙孙无穷无尽。但是山不会再增高，我们还怕移不掉吗？”智叟无言以对。

当地的山神听说了这件事，怕愚公移山不止，于是去报告天帝。天帝被愚公的诚心感动，命令大力神夸娥氏的两个儿子背走了太行、王屋两座山，一座放在朔州的东边，一座放在雍州的南边。从此以后，冀州的南部直到汉水南岸，再也没有高山阻隔了。

## 老汉粘蝉

孔子带弟子周游列国，去楚国的途中，经过一片树林，看到一位驼背老人用长竿粘知了，非常熟练就像伸手拾东西那样容易。

孔子说："你真巧啊！这有什么诀窍吗？"

老人说："我的确有诀窍。我练习了五六个月，如果能在竿头摞上两个弹丸而不掉下来，练到这种程度，那么粘知了时，知了很少能跑掉。如果摞上三个弹丸而不掉下来，那么十次也不过只有一次失手。如果能摞上五个弹丸而不掉下来，熟练至此，那粘知了就像伸手拾东西一样简单了。你看我站在这里，身体就像树桩般稳；我执竿的手臂，就像一节枯树的干枝，纹丝不动。天地这么大，万物这么多，我的注意力全部集中在知了的翅膀上。我不转身不侧身，不因万物干扰而转移注意力，知了怎么会跑得掉呢？"

孔子回头对学生说："'用志不分，乃凝于神'，说的就是这位老先生吧！"

这个故事告诉我们，一个人如果能够排除外界的一切干扰，集中精力，勤学苦练，专心致志，就可以练就出神入化的本领。

# 鲁班发明锯子

春秋时期，鲁国有位能工巧匠公输班，人称“鲁班”。鲁班出生于工匠世家，从小学了不少手艺，最擅长木工。据传，鲁班发明了锯子、刨子、墨斗等工具，改进了亭台楼阁等建筑工艺，还制造了攻城的云梯，因此被奉为“木工的祖师爷”。鲁班能有这么大的成就，与他善于钻研密切相关。

一次，鲁班带着徒弟去砍树。山高路远，师徒两人抡起大斧，一连砍了十多天，眼看着工程动工的日期快到了，砍下来的木头离工程需要的量却还差许多。

一天，鲁班带着徒弟继续上山伐木。他在爬山的途中，手指被杂草划破。鲁班看着伤口，禁不住就想，这么柔软的草叶，为什么能把自己的手划出血呢?

通过仔细观察，他发现小草叶子的边缘，长着一个个的小细齿，非常锋利。于是，他又用草叶划了自己一下，发现它的确具有杀伤力，不用太使劲就能将自己的皮肤划破。看到这，他马上跑下山，连夜赶到铁匠铺，打了几个边缘带齿的铁条，这就是最早的锯子。人们用这种铁条在树上来回拉，不长时间就能锯倒一棵树，比用斧子砍效率要高得多。

## 庖丁解牛

庖丁给文惠君宰牛。手接触的地方，肩膀倚靠的地方，脚踩的地方，膝盖顶的地方，进刀时霍霍作响，一举一动都符合古代的音乐节奏。

文惠君说："嘻，好啊！你解牛的技术怎么竟会如此高超啊？"

庖丁放下刀回答："我追求的，是道，是规律，已经超过一般的技术了。起初，我宰牛时，眼中看到的是一头完整的牛；3年后，我解剖的牛多了，眼中看到的便不是完整的牛了，而是牛身上筋骨脉络的结构。现在，我凭着感觉和牛接触，而不用眼睛去看，好像感官停止了活动，全靠精神行事。依照牛体的自然结构，砍入牛体筋骨相接的缝隙，顺着骨节间的空处进刀。筋脉经络相连的地方和筋骨结合的地方，尚且不曾拿刀碰到过，更何况大骨呢！"

"技术好的厨师每年更换一把刀，是用刀割断筋肉割坏的；技术一般的厨师每月就得更换一把刀，是砍断骨头而将刀砍坏的。如今，我的刀用了19年，所宰的牛有几千头了，但刀刃锋利得就像刚在磨刀石上磨好的一样。那牛的骨节有间隙，而刀刃很薄；用很薄的刀刃插入有空隙的骨节，宽宽绰绰地，那么刀刃的运转必然是有余地的啊！因此，19年来，刀刃还像刚从磨刀石上磨出来的一样。"

“即使如此，每当遇到筋骨交错聚结的地方，我看到那里很难下刀，就小心翼翼地把注意力集中到一点，动作缓慢。动刀非常轻，‘豁啦’一声，牛的骨和肉一下子就解开了，就像泥土散落在地上一样。这时，我提着刀站立起来，举目四望，从容自得，心满意足，然后把刀擦抹干净，收藏起来。”

文惠君听后，说：“好极了！我听了你的话，懂得了养生的道理。”

庖丁解牛，出自《庄子·养生主》，比喻经过反复实践，掌握了事物的客观规律，做事得心应手，运用自如。

## 李春修建赵州桥

河北民歌《小放牛》中唱道："赵州桥，鲁班爷修，玉石栏杆圣人留，张果老骑驴桥上走，柴王爷推车轧了一道沟……"

古时候的赵州有两座石桥，一座在城南，一座在城西。城南的大石桥，看去像长虹架在河上，壮丽雄伟，传说是鲁班修的。城西的小石桥，看去像浮游在水面上的一条小白龙，精巧玲珑，传说是鲁班的妹妹鲁姜修的。

其实，赵州桥是隋代工匠李春设计建造的。李春自幼聪颖过人，善算术，工石艺，率领工匠来到赵州，对洨河及两岸地质情况进行了实地考察，同时认真总结前人的建桥经验，并结合实际情况提出了独具匠心的设计方案。他们按照设计方案精心施工，出色地完成了建桥任务。

赵州桥全长64.4米，桥面宽约10米，净跨径37.2米，拱圈矢高7.23米，弧形平缓，拱圈由28条并列的石券组成。桥体和桥面上雕刻精美，线条流畅。

赵州桥是当今世界上跨径最大且建造最早的单孔敞肩型石拱桥，堪称建筑史上的奇迹。它已存世1400多年，经过至少8次地震和8次战争，至今仍巍然屹立在洨河上。

# 寒号鸟不劳而亡

有人说，寒号鸟是一种啮齿类动物，学名叫“复齿鼯鼠”。白天待在巢内，黄昏或夜间外出活动，可以由高处向低处滑翔。因其生性畏寒，日夜不停嚎叫，而俗称“寒号鸟”。

元末明初有一位文学家陶宗仪，在《南村辍耕录》一书中讲了一个关于寒号鸟的故事。

书中说，五台山有一种鸟，名叫寒号鸟，四只脚，身上有肉翅，不能远飞。它拉下的粪叫五灵脂，是一种名贵的中药材。

夏天的时候，寒号鸟身上的羽毛绚烂多彩，漂亮极了。所以，它总是到处炫耀：“凤凰也比不上我。”别的鸟都在筑巢，它却在忙着炫耀。

到了深冬严寒的时候，寒号鸟身上的羽毛都掉了，好像一只光秃秃的雏鸟，就哀叹：“得过且过。”

一天夜里，寒风凛冽，大雪纷飞。第二天，寒号鸟就被冻死了。

## 山羊驮砖

嘉峪关是中国历史文化名城，素有“天下第一雄关”的美誉，又有“河西第一隘口”之称。

史书记载，嘉峪关的建造者是明初的宋国公、征虏大将军冯胜。嘉峪关于洪武五年（1372年）开始建造，1540年建成完工，历时160多年。城墙高九米，工匠们还要在城墙之上修建数十座大小不同的楼阁和众多的垛墙，用砖数量之大是非常惊人的。当时，施工条件很差，没有吊运设备，用材全靠人工搬运。而当时修关城所用的砖，都是在40里以外的地方烧制的。砖烧好后，工匠们用牛车拉到关城之下，再用人工往上背。

由于城高，唯一能上下的马道坡度大，工匠上下运输很困难。尽管朝廷派了许多人往城墙上背砖，个个累得要死，但背上去的砖仍然供不应求，工程进展缓慢。

一天，一个放羊的孩子来到这里放羊玩耍，看到这个情景，灵机一动，解下腰带，两头各捆上一块砖，搭在山羊身上，然后，用手拍一下羊背，身子轻巧的山羊，驮着砖一溜小跑就爬上了城墙。人们看了又惊又喜，纷纷仿效，大量的砖头很快就运上了城墙。

# 微雕大家王叔远

王叔远，明代著名的微雕家，其最为人熟知的微雕作品是桃核舟。他能用直径仅一寸的木头雕刻房屋、器皿、人物以及鸟兽、树木、山石，无不依照事物原来的纹样，模拟那些东西的形状。他的作品各具情态，惟妙惟肖。

王叔远周岁时，根据当地“抓周儿”的习俗，父母在他面前摆了几件物品：书、小刀、钥匙、银子，让其自由拿取，借以预测他的未来。爹娘希望他抓书，读书做官，光宗耀祖！可是，王叔远偏偏抓了小刀。父母先是惊愕不已，接着哈哈大笑道：“儿子将来要投身戎马呀！”也许“抓周儿”有点儿准，王叔远从小就爱玩刀。

他常常揣着小刀，跑去村北的森林，一去就是一整天。那儿是他的天堂，他细心观察各种鸟兽，把它们刻在树干上、石头上，他刀下的鸟兽栩栩如生，形态各异。可是，毕竟年纪小，刀法不娴熟，常常会划破手指。每次回到家，爹娘见儿子指间有血迹，追问起来，他总是笑着说道：“不用担心，是锯草划破的。”

王叔远15岁时，每天一干完农活，就拿着扁担往森林里钻。一天，他在那片“乐园”待到忘了回家的时间，父母担心他被狼叼走，便来寻找他。两个老人奔到森林，看到王叔远正趴在一块光滑的巨石上，手里挥舞着小刀，“唰唰”地刻凿着。他们的心像石头落地一样踏实了。

可是，凑近一看，他们的心一下子又提到了嗓子眼儿。原来，王叔远刻了一只猛虎，老虎张着血盆大口，摆出一副张牙舞爪、正欲吃人的狂态。年迈的爹娘简直难以想象，儿子能够把猛虎刻得如此传神！

“孩子，回家吧，狼要吃人的。”“别急，娘，我把虎牙刻上就好了。”爹娘笑眯眯地看着儿子给老虎刻好了牙齿，然后，三个人欢欢喜喜地回家了。

之后，王叔远的技艺越来越精湛，渐渐地可以毫不费力地雕刻出各种东西，逐渐成长为微雕大家。

# 尚书夫人补旧衣

清代名臣张英，官居文华殿大学士兼礼部尚书，为官清正。妻子姚氏是一位勤俭持家的贤内助，特别爱劳动，平时家里缝缝补补的事情都是她在做。

一天，一位官员派了一个丫头到张英府上向夫人问安。丫头看到大门口有位中年妇人正在埋头缝补一件旧衣服，看她缝衣服时飞针走线的熟练样子，心想：门口这位一定是女用人，我不妨先问问她，夫人是否在家。

于是，那丫头问道："夫人在家吗？"妇人放下手中的针线活儿，从凳子上站起来说："我就是。"丫头听了大吃一惊，没有想到这位身穿粗布衣服干着针线活儿的妇人，竟然是堂堂的尚书夫人。

丫头缓过神来，吓得"扑通"一声跪在姚氏面前，连连磕头，用颤抖的声音说："奴婢有眼无珠，冒犯了夫人，还请夫人恕罪。"姚氏连忙将她扶起，客客气气地说："不要紧，以后我们就认识了。"

后来，张英的儿子在父母勤俭家风的熏陶下，也成为一代名臣，官至保和殿大学士、军机大臣。

## 三个画匠画像

康熙末年，有位姓吉的守备，在平定三藩时立下大功，却瞎了一只眼。

一天，他请来三个画匠为其画像，并说："我出50两银子，请你们为我画像。画得最好的，除了得50两工钱外，还可得50两赏钱。"

三个画匠本是师兄弟。姓吉的守备端坐于练武场中，大师兄一笔一画中规中矩，把武将威武雄壮的样子画得栩栩如生。至于那只瞎了的眼睛，他也如实画出。吉守备看了大师兄的画像后，摇了摇头，什么也没有说。

二师兄心想：大师兄的画老爷不满意，肯定是对独眼没有处理而反感。于是，二师兄作了一番处理，把吉守备画得虎虎生威，双目炯炯有神。吉守备看了二师兄的画以后，也是摇头叹气，一言不发。

轮到三师弟画了，吉守备拿着两位师兄的画给他看，说道："一位揭老夫的短处，一位虚伪至极。"三师弟听了，颇感为难。他突然看到兵器架上的弓箭，突然灵感来了，一挥而就。

画完，吉守备拿过来一看，只见画像上的自己身穿战袍，腰悬箭壶，手拉硬功，左眼紧闭，右眼圆睁，正在瞄准射箭。吉守备看过后，满意地笑了。三师弟也因此获得了100两银子，高高兴兴地回家了。

# 劳动历史印记

■ 劳动之所以伟大，是因为劳动创造了人类历史。一切人类文明所拥有的物质文明成果和精神文明成果，都来源人民群众的辛勤劳动。中国历史上记载的许多故事，都证明了这一点。劳动创造了中华民族，创造了中华民族的伟大与辉煌。

# 夜以继日的周公

武王姬发攻灭殷商以后，建立了西周王朝。武王死后，其子成王继承了王位，但成王年幼，由叔父周公旦辅佐朝政。

周公旦是西周杰出的政治家，辅佐武王讨伐殷商，为周朝的建立立下了汗马功劳。成王继位后，周公接下辅佐朝政的重任，忠于职守，代替成王处理国家大事，为巩固周王朝的统治呕心沥血。不论是在吃饭还是在做其他事情，只要一有公事，他就立即停下来办理公事。

西周王朝立国之初，政局不稳定。有些贵族猜忌周公，在成王面前进谗言，说他有篡位的野心。有的王室兄弟还和殷商残余势力勾结，发动武装叛乱。此外，东夷也趁机发动叛乱。面对内忧外患的形势，周公在极其困难的情况下力挽狂澜，挫败了各方的反对势力。局势稳定后，周公又着手制定了礼法和刑律，继续分封诸侯，并建都洛邑，设立了东都成周，巩固了周王朝的统治。

由于过度操劳，夜以继日地工作，周公在东都建成以后就去世了。临终前，他还告诫大臣：一定要帮助天子管好王朝的事情。自己死后要葬在成周，以表示虽死不忘王命。

## 铸剑大师欧冶子

欧冶子，春秋末期越国人，中国古代铸剑鼻祖。少年时，他就开始学习冶铸青铜剑，以及铁锄、铁斧等生产工具。他发现了铜和铁在性能方面的不同之处，冶铸出第一把铁剑“龙渊”，后被人们称为“龙泉剑”。

欧冶子曾为越王勾践铸造了五柄宝剑：湛卢、巨阙、胜邪、鱼肠、纯钧。其中最著名的是湛卢，湛卢剑被称为“天下第一剑”。传说欧冶子为铸此剑，走遍大江南北，最终在湛卢山找到了合适的铸剑之地。欧冶子在湛卢山结庐为舍，辛苦劳累了3年，才铸造出湛卢宝剑。这柄剑举世无双，锋利无比，可使发及其锋而逝，铁近其刃如泥。湛卢剑问世后，其余名剑黯然失色。因此，湛卢山又有“天下第一剑山”的美誉。

在《东周列国志》中，湛卢宝剑的归属是越、吴、楚三国兴亡的重要线索。楚昭王得到宝剑时说：“此乃天降瑞兆也！”当吴王阖闾听闻楚国得到了湛卢宝剑，大怒之下，派孙武和伍子胥等人率领吴军攻打楚国，占领了楚国国都郢城，夺回了宝剑。可见，湛卢宝剑已成为预示着国家兴亡的神物了。

欧冶子去世后，女儿莫邪和女婿干将传承了他的铸剑技术，成为中国历史上著名的铸剑师。

## 神医扁鹊

扁鹊，本名秦越人，是春秋战国时期的名医。

有一次，扁鹊来齐国朝见齐桓侯，在交谈中，对齐桓侯说："君侯，您的气色不好，病尚浅在腠理，如果不抓紧治疗会越来越重。"齐桓侯这时尚未感觉到自己的身体有异样，便漫不经心地摇了摇头，说："我没有病。"扁鹊离开后，齐桓侯对大臣说："行医之人，喜好功利，把想医治没病的人作为他的功劳。"

几天以后，扁鹊又去见齐桓侯，对齐桓侯说："您的病已经进到血液里了，要是还不治疗的话，病情还会加重的。"齐桓侯听了很不高兴，没有理会扁鹊。

又过了几天，扁鹊郑重地对齐桓侯说："您的病已进入内脏，再不抓紧治疗，恐怕会危及性命！"齐桓侯听了，更是不高兴，连忙命人把扁鹊撵走了。

后来又过了几天，扁鹊又去拜见齐桓侯，但一望见齐桓侯，就连忙掉头跑了，齐桓侯感到很奇怪，连忙派人去问缘由。扁鹊答道："君侯刚患病时，疾病在腠理，可用汤药来治疗，随着疾病由皮肤进入血液，还可以用针灸来治疗，后来疾病由血液进入内脏，这时还可用酒醪来治疗，现在君侯的病已深入骨髓，我已经无法医治了。"不久，齐桓侯果然身患重病，不治而亡。

还有一次，扁鹊行医到虢国，听闻虢国的太子突然死亡的消息，感到很奇怪。他赶到皇宫，给太子切了脉，发现太子的脉搏还在微微跳动，呼吸也没有完全停止，身上还有点热气，故断定虢国太子没有真死，而是患了“尸厥症”。扁鹊立即为太子施针治疗，不一会儿，太子真的醒过来了。从此，天下之人惊叹扁鹊医术高明，称他是可以让人起死回生的“神医”。

## 李冰修筑都江堰

李冰是战国时期秦国著名的水利工程专家。他为官期间，主持修筑了中国古代著名的水利工程都江堰。

都江堰由“分水鱼嘴”“飞沙堰”和“宝瓶口”三个骨干工程组成，兼备防洪、灌溉、航运三种作用。都江堰采取中流作堰的方法，在岷江峡内用石块砌成石埂，把岷江水流一分为二。东边的内江供灌溉渠用水，西边的外江则作为岷江的正流。

秦昭王时期，李冰担任蜀郡郡守。当时蜀郡经常发生水旱灾害，遇到灾荒年景，庄稼颗粒无收，百姓嗷嗷待哺，只能用草根和树叶来充饥。李冰通过实地考察，认识到治理水灾的关键在于更改岷江河道，把岷江水引入成都平原。途中，玉垒山挡住了江水东去的路，所以只有凿开玉垒山，江水才能进入成都平原。

在没有火药的时代，朝廷要想凿石开山，只能依靠人力，所需时间至少要30年。为了提高效率，李冰想到一个办法：先在岩石中间凿一个深槽，再往里面放入大量木柴，点火烧石，石头一遇高温就开始发红、膨胀；然后把冰凉的江水浇在滚烫的石头上，石头由于热胀冷缩，就会全部爆裂开；这时，民工再登上山，用斧敲拿锤凿。

使用这个方法后，工程进度果然大大加快。后来，李冰带领民工凿开了一个宽20米、高40米、长80米的缺口。缺口看上去像一个瓶子的开口，李冰便给它取名“宝瓶口”，将凿下来的石头称为“离碓”。

离碓的东侧是内江水口，称宝瓶口，具有节制水流的功用。夏季岷江江水上涨，都江鱼嘴淹没后，离碓就成了第二道分水处。内江自宝瓶口以下进入密布于川西平原上的灌溉渠道，干旱时人们可以把水引进来灌溉，雨季时就关闭水门。

都江堰建成以后，保证了大约300万亩良田的灌溉，使成都平原变成了旱涝保收的天府之国。老百姓为了纪念李冰及其儿子，在都江堰的渠首修建了二王庙，每到清明时节，都会到庙里祭祀。

## 万年灰与燕京城

秦始皇修长城的故事几乎家喻户晓，其实，在秦始皇之前，就有人修长城。当时有个燕国，国土小、兵马少、力量弱，随时都有可能被其他诸侯国吞并。为了保住国土，燕王就派人在国境边界的山顶上筑起了高高的城墙，以防外敌入侵。

那时还没有石灰，城墙的条石、长砖都是用泥抹的。为了早日修好城墙，燕王下令冬天也不可以停工。天气寒冷，和泥得用热水，民夫们就把大铁锅抬到工地上，用三块石头支起来，添柴烧开水。天长日久，铁锅被烧了个大窟窿，满锅的水全漏光了，把锅下的火浇灭了。

然而，民夫们却意外地发现，水洒在支锅的石头上，热石头遇到水就炸开了，炸出了许多白色粉末。有个人把这些粉末与水混合在一起，结果比泥还润滑且有粘性，于是就用它抹石头缝和砖缝。

第二天，民夫们发现，用这些白色粉末抹的石头缝和砖缝，要比用泥抹的结实得多。人们把这些白色粉末称为“石灰”。从此，燕国人就烧石灰来抹城墙缝。

秦始皇统一天下后，为了抵御北方游牧民族入侵，开始派人修建万里长城。动工时，他下了一道旨令，让原来的燕国人包揽烧石灰的活儿。因此，那时修长城所用的石灰，全是燕国人烧的。长城修到哪儿，民夫们就在哪个山坡上烧石灰，而且烧的灰质量非常好，被后人称为“万年灰”，意思是万年不变质。

长城修完后，民夫们各回各地。因为燕国人烧石灰有功，秦始皇曾拨下金银，建了个城镇，专门让燕国人居住，这个城镇就是现在的北京。因为那时的北京叫燕京，所以，燕国人用石头烧灰的山统称为燕山山脉。

## 梁鸿和孟光的故事

东汉时期有个叫梁鸿的人，家境贫寒，却特别喜欢读书。一天晚上，他在柴火堆旁读书，火星蔓延引起了火灾，把邻居家的一间房屋给烧了。因为没有钱赔偿，梁鸿只好把自己家的几头猪赔给人家，可是人家不答应，他便主动提出去邻居家做长工来赔偿。

从此以后，梁鸿每天白天都不停地干活。到了晚上，他就勤奋读书，长年累月，从不间断。邻居看到梁鸿干活卖力，读书用功，料定他日后一定有大出息，告诉他不必再做长工了，还要把猪还给他。梁鸿坚持不要猪，独自回了家。

同县有个女子叫孟光，家中比较富裕。她这个人很贤惠，相貌却很普通。孟光听到梁鸿勤奋读书的故事，决定要嫁给他。梁鸿感恩遇到知己，就上门求婚，娶孟光为妻。

两人成婚以后，孟光把从娘家带来的嫁妆都卖掉了，买了田地和织布机，夫妻二人过上了男耕女织的生活。二人起初借住在别人家，梁鸿下田耕作，空闲时会帮人舂米种地，赚钱养家。孟光在家洗衣做饭，纺纱织布，把家里打理得井井有条。到了晚上，梁鸿就专心读书。不久，两人有了自己的房子。后来，梁鸿成为当地颇有学问的人，孟光也成为备受推崇的妇女典范。

# 村妇夫人

东汉时，王良在京城担任大司徒司直的职务，而妻子却留在老家，自耕自种，自食其力。

有一次，王良的下属鲍恢到东海郡出差，正好路过王良的家乡兰陵，便特意去拜访王良的妻子。到了村里，他找到王良的家，发现只有几间简陋的茅草房，以及用篱笆围起来的小院，全无一点儿高官家的气派。

这时，一位身穿粗布衣裙的妇人，背着一捆柴，慢慢走过来。鲍恢向妇人行礼问道："请问这里是王良大人的家吗？他的夫人在家吗？"妇人放下柴，拍了拍身上的尘土，说："我就是王良的妻子。请问您是……"鲍恢非常惊讶，他没有想到，王夫人竟然如此简朴，还亲自打柴，不由得肃然起敬。他说："我是王大人属下的一个掾史，外出路过此地，特来看望夫人。"

王夫人请鲍恢到屋里喝茶。鲍恢看到屋子不大，摆设也十分简陋。他对夫人说："夫人可有家书要带给王大人？"夫人说："现在地里的活儿比较多，没有时间写家书。请你给我带个口信，家中一切安好！"

到京城后，他将见到司直夫人的情形告诉同僚，闻者无不赞叹。

# 蔡伦造纸

纸的发明，是人类文明发展史上的一件大事。在造纸术的发展过程中，东汉宦官蔡伦起到了重要作用。

在蔡伦革新造纸术之前，中国人就会造纸。西汉有一种“灞桥纸”，质地粗糙，不方便书写。后来又出现了“金关纸”和“额济纳纸”，质量好了很多，但是造价高且产量低。所以，在蔡伦革新造纸术之前，文字书写的载体主要是竹简和绢帛。

有一天，蔡伦看到人们用丝絮造纸，于是想尝试用植物纤维来造纸。他带领工匠们用树皮、麻头、破布、破渔网作原料，把它们切断、剪碎或捣碎，放在水里浸泡一段时间，再把它们捣成糨糊，然后把这些糊状物放在席子上和木板上摊成薄片，放在太阳底下晒干。晒干后，把这些薄片一张张地揭下来就成了纸。植物纤维造出来的纸，质地轻薄且便于书写，受到了人们的欢迎。

公元105年，蔡伦把造纸术上报给了汉和帝，和帝大为称赞，封他为龙亭侯。后来，人们把他发明的纸称为“蔡侯纸”。蔡伦的发明，降低了造纸的成本，提升了纸张的质量。随着植物纤维纸取代竹简和绢帛成为广泛使用的书写工具，文化逐渐从贵族阶层传播到平民阶层。大约1400年后，欧洲人才会造纸，他们的造纸技术是从被阿拉伯人掳走的中国造纸工匠那里学的。

## 天下名巧马钧

马钧是三国时期颇负盛名的机械发明家之一，有着“天下名巧”的美誉。马钧出身贫寒，不善言谈，但他喜欢思索，善于动脑，注重实践，在器械研究方面非常有天赋。他的发明数不胜数，其中比较有名的是翻车、指南车、水转百戏等。

马钧是魏国的一个小官吏，常住洛阳。当时在洛阳城里，有一大块坡地非常适合种蔬菜，老百姓很想把这块地开辟成菜园，可惜因无法引水浇地，这块地一直空闲着。马钧得知后，下决心要帮百姓解决灌溉难题。他经过反复研究、试验，最终创造出一种翻车，利用翻车将河里的水引到坡地，解决了困扰老百姓多年来的引水灌溉问题。马钧创造的这种翻车，“其巧百倍于常”，用时极其轻便，连小孩也能转动。它不但能提水，而且能在雨涝的时候向外排水。这种翻车是当时世界上最先进的生产工具之一，从那时起，直至实现电动机械取水以前，它一直发挥着巨大的作用。

不管别人如何嘲讽，马钧仍然坚持做自己。在他发明指南车时，一些思想保守的人知道马钧的想法后，都持怀疑态度，不相信马钧能造出指南车。有一天，一些官员就指南车和马钧展开了激烈的争论。散骑常侍高堂隆说：“古代据说有指南车，但文献不足，不足为凭，只不过随便说说罢了。”骁骑将军秦朗也随声附和道：“古代传说不太可信，孔夫子对三代以上的事也是不大相信的，恐怕没有什么指南车。”马钧说：“愚见以为，指南车以往很可能是有过的，问题在于后人对它没有认真钻研，就原理方面看，造指南车不是什么很了不起的事。”高堂隆听后轻视地冷冷一笑。秦朗更是摇头不已，嘲讽马钧，说：“你名钧，字德衡，钧是器具的模型，衡能决定物品的轻重，如果轻重都没有一定的标准，难道就可以制作模型吗？”马钧道：“空口争论，又有何用？咱们试制一下，自有分晓。”

马钧在没有资料、没有模型的情况下，刻苦钻研，反复试验，没过多久，就制成了指南车。事实胜于雄辩，马钧用实际行动结束了这场争论。马钧制成的指南车，在战火纷飞、硝烟弥漫的战场上，不管战车如何翻动，车上木人的手指始终指向南方。从此，“天下服其巧矣”。

## 顾恺之绘画

顾恺之是东晋时期著名的画家，知识渊博而有才气，擅长诗赋、书法，尤其精通绘画。他的画作《女史箴图》《洛神赋图》《斫琴图》等堪称珍品。世人评价他为“三绝”，即“文绝”“画绝”“痴绝”。

顾恺之出生没多久，母亲就去世了。他看到小伙伴都有母亲，唯独自己没有，便缠着父亲，问：“我为什么没有母亲？”父亲说：“你怎么会没有母亲呢？只是你的母亲已经不在了。”顾恺之又问：“那我的母亲长什么模样？”父亲只好耐心地给他描述。顾恺之就是凭借父亲的描述，一次又一次地给母亲画像。每次画好之后，他都要先问父亲像不像，然后按照父亲的建议进行修改，直到父亲两眼放光，说：“像，像极了！”他才满意地放下画笔。母亲就这样留在了他的心里，这也体现了顾恺之对绘画的痴迷。

公元364年，建康将要修建一所瓦棺寺，僧人请朝廷官员和百姓捐助，没人捐款超过10万钱，顾恺之却承诺要慷慨捐款100万钱。大家以为他在吹牛，僧人们却当了真，要他兑现。他让僧人准备一面墙壁，用时一个月，画成了一幅维摩诘佛像。完工之后，他告诉僧人，第一天看画的人需捐10万钱，第二天看画的人需捐5万钱，第三天看画的人随便捐即可。三天中，有很多前来施舍的人，不一会儿瓦棺寺就得了好几百万钱。顾恺之以极具戏剧化的方式，取得了一鸣惊人的效果。在之后40年里，他创作了大量画作，存于史料者近50幅。

顾恺之的画作以传神著称，他一生追求以形写神的艺术效果，以最纯真的心境对待绘画艺术，在绘画领域成就非凡。

## 祖冲之计算圆周率

祖冲之是南北朝时期杰出的数学家、天文学家，在数学、天文历法和机械制造等方面，都取得了很大的成就，尤其是在圆周率的计算方面贡献巨大。

数学家刘徽曾用“割圆术”来计算圆周率。所谓“割圆术”，就是在圆内画个正六边形，其边长正好等于半径，再把这个正六边形分为十二边形，用勾股定理求出每条边的边长，再依次分为二十四边形、四十八边形，一直分下去，所得多边形各边长之和就是圆的周长。

刘徽计算圆周率时只分解求到九十六边形，得出3.14的结果后就没有再算下去，祖冲之非常敬佩刘徽，决心用“割圆术”继续推算，一步一步地计算出一百九十二边形、三百八十四边形……以求得更精确的结果。

当时，数字运算还未利用纸、笔和数码工具进行演算，而是通过纵横相间地罗列小竹棍，然后按照类似珠算的方法进行计算。

祖冲之在房间地板上画了个直径为1丈的大圆，又在圆里边作了个正六边形，然后摆开他自己做的许多小木棍开始计算起来。此时，儿子祖暅已13岁，帮着父亲一起演算，两人废寝忘食地计算了十几天才算到九十六边形，结果比刘徽计算的3.14少0.000002丈。

祖暅对父亲说：“我们计算得很仔细，一定没算错，可能是刘徽算错了。”祖冲之却摇摇头说：“要推翻刘徽的计算结果一定要有根据。”于是，父子俩又花了十几天的时间重新演算了一遍，最后证明刘徽演算的数据是对的。

为了避免再次出现计算误差，父子二人每一步都至少重复演算两遍，直到结果完全相同才罢休。他们从一万二千二百八十八边形，演算到两万四千五百六十七边形，两者的误差仅为0.0000001。祖冲之知道从理论上讲，还可以继续算下去，但实际上已经无法计算了，只好就此停止，得出圆周率必然大于3.1415926，而小于3.1415927的结论。

人们得知祖冲之计算出圆周率，纷纷登门向他求教。之后，祖冲之又进一步得出了圆周率的密率是$\frac{355}{113}$，约率是$\frac{22}{7}$。直到1000多年后，德国数学家鄂图才得出相同的结果。祖冲之被世界纪录协会评为“世界第一位将圆周率计算到小数点以后第七位的数学家”。

## 拉纤县令何易于

唐朝时，何易于担任益昌县县令，勤劳爱民，深受百姓爱戴。

有一年春天，刺史崔朴趁着春光明媚，带着许多宾客沿江游玩。他们在船上喝酒唱歌，顺流而下。来到益昌县时，刺史下令要纤夫拉船。

何易于带着几个小吏来到江边，把笏板往腰间一插，卷起裤腿就开始拉纤。崔朴正玩得开心时，抬头一看，发现县令何易于居然在拉纤，连忙问道："何县令，你怎么自己在拉船？难道你连一个纤夫都喊不动？"何易于答道："大人，现在是春耕时节，老百姓都忙着种地。只有我这个县令无事可做，正好可以过来拉纤。"

崔朴听完，非常惭愧，连忙同宾客们一起跳下船，骑马离开了益昌县。

# 白居易勤政爱民

公元825年，唐敬宗李湛任命大诗人白居易为苏州刺史。那时的苏州是一个交通发达且人口众多的商业城镇。白居易被派到苏州任职，深感自己责任重大。

刚到任时，白居易无暇游览苏州的名胜古迹，立刻投入紧张的工作中。他立即召集下属，询问公务事宜，在苏州开展调查研究，制定治理措施。他每天早出晚归，有时甚至工作到深夜。白居易素日里酷爱饮酒和音乐，可是到苏州以后，因为公务繁忙，他经常十来天滴酒不沾，半个月也没有听过一次音乐。

后来，他在诗中写道："救烦无若静，补拙莫如勤。"意思是自己能力有限，不能承担苏州刺史这样的重任，除了用勤奋来补救以外，没有其他办法。白居易勤政爱民，深受苏州人民的爱戴。

## 造塔专家喻皓

喻皓是北宋初期的著名建筑工匠，擅长建造多层宝塔和阁楼。

钱氏王朝统治两浙时，命人在杭州梵天寺修建一座木塔。当这座塔建到两三层时，钱帅登上了木塔，他感到塔身有些摇晃，便问工匠是什么原因。负责施工的工匠说：“因为塔身还没有铺瓦，上面太轻了，所以有些摇晃。”可是等铺好瓦后，木塔还是摇摇晃晃的。工匠去请教喻皓，喻皓说：“只要在每一层塔上铺上木板，用钉子固定牢就好了。”工匠按照喻皓的方法做了，塔果然稳定了。工匠们都非常佩服喻皓的高明。

后来，宋太宗要在汴梁建造开宝寺木塔，喻皓受命负责这项工程。木塔建成以后，人们发现塔身微微向西北方向倾斜，便去询问喻皓是怎么回事。喻皓向大家解释道：“京师地平无山，又多刮西北风。塔身稍向西北倾斜，为的是抵抗风力，估计不到100年就能被风吹正。”原来，喻皓在设计时，就已经考虑到周围环境以及气候对建筑物的影响。对高层木结构的设计而言，风力是一个不可忽视的因素。在当时的条件下，喻皓能够做出如此设计，已经是一项了不起的创新。文学家欧阳修称赞他：“其用心之精，盖如此。国朝以来木工，一人而已。”

## 李诫和《营造法式》

李诫，北宋建筑家，出生在一个官宦家庭，从小天赋异禀，喜爱读书，精通书法和绘画。他一生中最大的贡献是在建筑学方面，《营造法式》是其仅存的著作。崇宁二年（1103年），《营造法式》付梓刊行，成为当时通行全国的建筑工程法式。

《营造法式》不仅内容十分丰富，而且附有非常珍贵的建筑图样，图文并茂。附图共占六卷，包括各种木制构件、屋架、雕刻、彩画、装修等都有详细图样。这些图样细腻逼真，丰富多彩。其中既有工程图，也有彩画画稿；既有分件图，也有总体图。它充分反映了我国古代工程制图学和美术工艺的高超水平。

这些图样不仅能帮助我们清楚地理解文字表达的内容，而且可以使我们从中看出当时建筑的艺术风格。《营造法式》中斗拱结构，以及各种木构建筑部件的设计原理，与现代建筑学、材料力学的原理相符。

《营造法式》对中国古代建筑技术作了科学总结，对后世影响巨大，李诫也因此成为享誉国内外的伟大建筑学家。

## 司马光编写《资治通鉴》

司马光是北宋时期著名的政治家和历史学家，曾主持编纂了我国历史上第一部编年体通史——《资治通鉴》。全书共294卷，上起战国，下迄五代，记载了1362年的历史。

司马光年轻时，喜读史书，博学多识。宋神宗年间，司马光因为反对王安石变法而被贬到洛阳。在被贬期间，他依然忠心不改，始终坚持自己的政治立场。当他的政治主张得不到支持时，他决定继续编写总结历代王朝兴亡教训、可供统治者参考借鉴的史书，即《资治通鉴》。

为了写这部书，在19年中，他每天天不亮就起床，刻苦钻研，努力写作，一直笔耕到深夜，有时甚至整夜不眠。为了保证著作的真实性严谨性，他查阅了千余种资料，终于于1084年完成定稿，其中唐代部分，原有长编600卷，经过他细心修改删订，最后定稿时，只剩80卷。

书成之后，在洛阳存放的残稿，就堆满了两间屋子，可见其认真刻苦的程度。当时的哲学家邵雍称赞他："你可真是脚踏实地的人啊！"

## 陈省华教媳下厨

北宋有个谏议大夫叫陈省华，身居高位仍教子有方。在他的教导下，大儿子和二儿子当了宰相，小儿子当了节度使。

陈家堪称名门望族，但依旧保持着勤俭的良好家风，并重视劳动。一家人的饭，都是陈夫人亲自带着儿媳们做。

陈省华的大儿媳是朝中马尚书的女儿，从小养尊处优，受不了亲自下厨的委屈，就对丈夫说："哪有宰相夫人天天下厨房的，我们家又不是养不起仆人，你跟父亲说说，别让我下厨了。"大儿子表示不敢说，大儿媳一气之下回到娘家，向父母哭诉。马尚书说："你放心，我去帮你说。"

上朝的时候，马尚书和陈省华并肩而行，马尚书委婉地说："亲家，我女儿从小就是我的掌上明珠，你让她天天下厨房，这也太难为她了。"陈省华听后有点不高兴，说："我没有让她做饭，她只是给我夫人打打下手而已。"马尚书听到陈省华的夫人都亲自下厨做饭，顿时感到非常惭愧。第二天，他亲自把女儿送回了陈家，并教育她好好向婆婆学习。

## 黄道婆革新纺织技术

黄道婆，又名黄婆、黄母，宋末元初著名的棉纺织家、技术改革家。她小时候是个童养媳，住在黄浦江附近的乌泥泾，生活十分艰苦，时常受到虐待。忍无可忍之下，一天夜里，她从婆家逃出来，躲藏在一艘即将远航的海船中，随船流落到海南岛南端的崖州。

海南岛盛产棉花、棉布，黎族人聚居于此，棉纺织技术先进，黎族人织出的布工艺精巧美观耐用。

黄道婆为了谋生，跟着本地的黎族姐妹一起种棉、摘棉、轧棉，学会了纺纱、染色、织布。她很快便熟练掌握了全套操作技术，成为技艺高超的纺织能手。后来，她还同黎族姐妹共同研究改良纺织技术。她在崖州生活了30多年，从一个小姑娘，变成了人们口中的黄道婆。

一年春天，黄道婆和姐妹们一起在地里种棉花，忽见"鸿雁北归"，她想起了自己的遭遇，决定返回家乡，把习得的纺织本领传授给乡邻亲朋。黄道婆千里迢迢回到阔别多年的家乡，开始带领家乡人革新纺织技术。她将黎族姐妹的纺织技术加以改良，创造了"三锭三线"的脚踏式纺车，传授错纱、配色、提花等技术，带着松江府一带的人们织出了美丽的提花布。松江一带成为全国棉织业中心，并久盛不衰，享有"松郡棉布，衣被天下"的美誉。

## 左宗棠教子耕读

晚清名臣左宗棠教子有方，非常注重培养子女的吃苦精神。他曾经写过两副对联，一副贴在家庙里，内容是“纵读数千卷奇书，无实行不为识字；要守六百年家法，有善策还是耕田”。另一副贴在私塾里，内容是“要大门闾，积德累善；是好子弟，耕田读书”。两副对联，都强调耕读传家，其中耕比读更为重要。

左宗棠出山前，有过一段很长的耕读时光，所以对耕读有着很深的认识和体会。他一再要求后代继承祖辈的耕读家风，保持农家子弟本色，勤耕田，读好书。

同治六年（1867年），他担心孩子们在城市闲居太久，会沾染不良习气，特意写信叮嘱周夫人：“秋收后还是移居柳庄，耕田读书，可远嚣杂，十数年前风景，想堪寻味也。”

读书耕田，并不是要子孙学会种庄稼，获得更多粮食，左宗棠更深刻的用意在于培养子孙艰苦奋斗、自食其力的能力。他在家书中告诫：“我廉金不以肥家，有余辄随手散去，尔辈宜早自为谋。”他还多次强调不能借上辈余荫坐享其成，更不能倚仗权势作威作福，“断不可恃乃父，乃父亦无可恃”。

左宗棠从不为子孙谋一官半职。在西北主政13年，他从未用过私亲，四个儿子没有一个留在他身边。两个女婿想到他手下来做官，也被他断然拒绝了。子侄辈、妻舅辈人丁很多，但没一个人被安插为官。很多族人和乡邻求他办事，都被他一一打发回去。1880年，他写信给继任陕甘总督的杨昌濬说，亲戚同族如有逗留兰州请求收录的，“决不宜用”。

## 百年老店同仁堂

同仁堂是驰名世界的老字号药店，迄今已有300多年的历史。同仁堂秉承“炮制虽繁，必不敢省人工；品味虽贵，必不敢减物力”的店训，一丝不苟，精益求精，让代代传承的金字招牌越来越亮。

同仁堂在药材的选用上有明确的规定，要求药材必须“取其地，采其时”，讲究的就是“地道”两个字。人参必须用东北吉林的，蜂蜜必须用河北兴隆的，白芍必须用浙江东阳的，大黄必须用青海西宁的，山药必须是河南光山的，枸杞必须是宁夏所产。同仁堂对于制药的工艺流程也有讲究，黄连必须去须去根，远志必须去芯。为了让一些药粉更加精细，必须使用80目的箩过筛。为了保证紫雪丹的效力，坚持使用“金锅银铲”。

新中国成立以后，同仁堂进行了公私合营，变成了国营企业，但它一直遵循祖传的标准和工艺，坚持严格选料和精心加工，严把药品质量关，不断加强品牌建设。

# 劳动光荣传统

■ 在中国革命和建设的历史上，热爱劳动、自力更生一直是中华民族代代相传的优良传统。许多优秀的党员干部以身作则，从自己做起，发挥典型模范的作用。他们吃苦在前，享受在后，以踏踏实实的劳动服务人民，得到了群众的拥护和支持。

## 彭雪枫打草鞋

彭雪枫出生于河南省镇平县七里庄一个贫苦农民家庭，从小养成了爱劳动的好习惯。他曾参加二万五千里长征，在攻克娄山关、占领遵义城等战斗中担负主攻任务，是抗日战争中新四军牺牲的最高将领之一。

红军长征结束后，物资供应非常困难，许多战士没有鞋穿，大冬天还光着脚。为了克服困难，减轻群众负担，时任红一军团第四师政委的彭雪枫号召大家打草鞋。

一天晚上，师部通讯班班长姜国华同志担任内卫值班，当他走到首长住的院子附近时，发现彭雪枫政委正坐在杏树下，借着月光打着草鞋。他忍不住劝道："政委同志，你整天工作，晚上该好好休息。鸡已经叫了好几遍，天都快亮啦，政委同志，快去休息吧，你穿的草鞋，让我们来打。"彭雪枫一边打着草鞋，一边说："小姜同志，你想想，我是一个领导者，如果光动员下级打草鞋，自己不以身作则，那不是言行不一致吗？不行，我们共产党人，说到就要做到，否则就会脱离群众。"

第二天一大早，师部直属部队集合出早操时，彭雪枫已经穿上了自己打的新草鞋，同志们纷纷向他投来了钦佩的目光。彭雪枫月下打草鞋的故事很快就传开了。在彭雪枫的带领下，全师掀起了打草鞋的热潮，不到一个星期，部队就克服了没有鞋穿的困难。

## 林伯渠捡粪

抗日战争时期，陕甘宁边区掀起了轰轰烈烈的大生产运动。边区主席林伯渠带头参加劳动，和工作人员一起开荒种地、拾粪积肥、纺纱织布，对边区的大生产运动起了巨大的推动作用。

一天早上，一位老农民看到林伯渠提着粪筐捡粪后，非常感动，便带着儿子捡了两担粪，倒在林伯渠的粪堆上，并对林伯渠说：“您年纪这么大了，政府里的事情又那么多，以后就让我们帮您捡粪吧。”林伯渠笑着说：“你们的好意我心领了。我虽然年纪大些，在政府里有工作，但大生产运动是党中央的号召，我也要积极响应，参加生产运动。我也是咱边区的一个普通老百姓嘛。”

林伯渠以身作则，在他的带领下，边区所有人都投入大生产运动中。截至1942年，部队、机关和学校等单位基本上都达到了半自给的状态。大生产运动既减轻了人民群众的负担，也改善了大家的生活。

# 王震在南泥湾

1941年春，八路军一二〇师三五九旅开赴南泥湾，在王震旅长的率领下，全体将士搭起帐篷，挥舞镢头，开荒种地，掀起了轰轰烈烈的大生产运动。

一天，王震挑着担子，嘴里哼着陕北小调，给地里的战士们送水。在下坡的时候，他一不小心滑了一下，把脚扭伤了。但是，他硬是忍着疼痛，先把水桶放稳了才察看伤情。战士们发现后，赶紧将他搀扶起来。王震的脚严重扭伤，经过医生的治疗，一个星期后才消肿。养伤期间，他十分惦念大生产的情况，再三嘱咐战士们把那段路修好，以方便同志们行走。战士们鼓足干劲，把大生产运动搞得热火朝天。

在王震的带领下，三五九旅的将士们把荒无人烟的南泥湾建设成了稻香鱼肥的陕北江南，昔日的荒山野地变成了陕北的米库粮仓。

## 毛岸英参加劳动

1946年初，毛岸英从苏联回国，来到了延安，组织上安排他到吴家枣园参加劳动。第二天一大早，毛岸英脱掉皮鞋，换上布鞋，背着一斗半小米和行李，到模范村吴家枣园学习劳动。

村长郝光发和乡亲们闻讯赶到村头迎接毛岸英，他赶忙跑上去，紧紧握住村长的手说："郝叔叔，我到您这里来学习啦。"来到村里的第二天，毛岸英就开始下地参加劳动。村长为了照顾他，就安排他和几个老人一起刨地。几天后，他看到自己总是和几个老人一起干活，就问："村里其他人上哪儿去了？"

老人们说："他们都上变工队了，那儿活重，你刚来不习惯，以后再和大伙一起干吧。"毛岸英听后，说："这可不行，我是来锻炼的啊！"说完，他就大步流星地去找变工队了。

山头上，年轻的变工队员们正在开荒，他们挥舞着镢头，扬起一片尘土。毛岸英一到，二话没说，就甩开膀子跟大家一起干了起来。这个变工队是模范队，毛岸英和他们一起干活，得到了很好的锻炼。

## 老英雄郅顺义

郅顺义是董存瑞的战友，曾掩护董存瑞成功完成爆破任务，是一位功勋卓著的战斗英雄。在和平建设时期，他把自己看成普通劳动者，热爱劳动，越是艰苦的劳动，越是抢在前面。

郅顺义担任管理科副科长时，亲自带着小分队到河里破冰打鱼。当时，天气非常冷，郅顺义一边指挥战士们破冰，一边挥动着冰镐干得满头大汗。捞鱼的时候，防护手套不够用，他就把自己的手套让给别人，自己的两只手被冻得又红又肿。第二天，他又照样干了起来。郅顺义用实际行动带领着全队同志艰苦奋战了两个多月，终于圆满完成了任务。战士们都说：“和老英雄一起干活，我们浑身都有使不完的劲儿。”

郅顺义担任后勤部副政委时，很少坐在办公室，经常深入车间，和工人们一起劳动。久而久之，他和工人们的感情渐渐深厚。他常常走到哪里就干到哪里。来到厨房，他就争着淘米洗菜；来到养猪场，他就抢着煮猪食、扫猪粪；住招待所时，他就主动打水扫地。熟悉他的干部和战士都说：“老英雄总喜欢和我们一起劳动，一点儿‘官’架子都没有。”

## 彭德怀在吴家花园

1959年，彭德怀搬到了北京西郊挂甲屯村的吴家花园。吴家花园本是圆明园旧址的一部分，由于常年无人居住，已变得荒芜破旧，杂草丛生。彭德怀搬进吴家花园后，第一件事就是让警卫员买来锄头、镐、锹之类的农具。每天，天刚蒙蒙亮，他就起床锻炼身体，然后开始收拾院子里的杂草，翻地、种庄稼。他常常说：“锄头一拿，有吃有穿。”

彭德怀把院子分成几个小块，分别种上各式各样的蔬菜瓜果。他还组织警卫人员把原来的小水塘挖深挖宽了，种上了藕，养上了鱼。他自己花钱买了小猪、小鸭和小鸡，分给大家饲养，所得为饲养者所有。

此外，他还在水塘边开了一分地，作为种植小麦的试验田。在这块土地上，他开始翻地、播种、浇水、施肥、锄草，每个环节都做到一丝不苟。快到收获的时候，彭德怀就成天守在试验田旁边，不让鸟儿偷吃，真正做到了颗粒归仓。

## 不忘初心的甘祖昌和龚全珍

甘祖昌，1905年生，江西省莲花县人，1927年加入中国共产党，次年加入红军。历任红六军团团政治处主任等职，参加长征后，任第一野战军第二军后勤部部长等职。新中国成立后，任新疆军区后勤部副部长、部长等职。

1955年，甘祖昌被授予少将军衔，荣获“八一勋章”“独立自由勋章”“解放勋章”等。1957年，他因公受伤，伤愈后谢绝组织安排，自愿放弃城市生活，带领全家老少回到家乡江西省莲花县沿背村当农民，积极投入家乡的建设中。他对妻子龚全珍说：“比起那些为革命牺牲的老战友，我的贡献太少了，组织上给我的荣誉和地位太高了！”

回乡后，甘祖昌带领莲花县坊楼乡群众开沟排水、兴建水库。当时甘祖昌每月工资330元，生活上十分节俭，把2/3的工资用来修水利、建校舍、办企业、扶贫济困。他参加建成了3座水库、4座水电站、3条公路、12座桥梁，以及25公里长的渠道。一首赞颂甘祖昌将军的歌谣在莲花县传唱：“一身补丁打赤脚，一根烟斗没有嘴，白罗布手巾肩上搭，走路笔挺快如风。”

龚全珍全力配合丈夫，回到莲花县的头几年，她没有做过一件新衣服。她先是被分配到九都中学教书，后来又到南陂小学、甘家小学当校长。无论在哪里任教，她都是吃住在学校，全身心地扑在工作上。

1985年，甘祖昌旧病复发。在他住院期间，新疆军区派人前来慰问，并提出为他在南昌盖房子，让他到南昌定居的建议。甘祖昌说："感谢组织上和同志们对我的关心，我已经80岁了，还盖房子干什么？为国家节省点开支吧。"与甘祖昌相濡以沫几十载，龚全珍也将自己全部的爱和热情投入这片红色的土地。2013年9月，龚全珍被评为"第四届全国道德模范"。2014年2月，她荣获"感动中国"2013年度十大人物。

## 老红军李承祖

1959年，老红军李承祖挑着铺盖卷回到了阔别多年的家乡。第二天，他去公社报到，当地公社党委安排他担任鲜鱼加工场的场长。他当场长，不喜欢把自己关在办公室里发号施令，而是每天到这里走走，去那里看看。他每天都参加鲜鱼加工场的劳动，剖鱼、刮鳞、腌制，样样在行，而且干得比别人多，速度还快。群众都说："他呀，还是当年红军那个样，劳动本色没有丢。"

不久，鲜鱼加工场停办了，他来到澮水河边当摆渡人。他将铺盖搬到船上，又让妻子把饭送到船上。不管刮风下雨，不论白天黑夜，只要有人叫船，他就划着船过来，把人送到对岸。

李承祖干了5个年头的摆渡人。在这5年里，他一直勤勤恳恳地在这个平凡的岗位上努力工作。有人算了一下：在这5年里，他渡送客人近20万人次，在水上足足走了"二万五"。人们都称赞李承祖，在社会主义建设的道路上，又走了一个新的"二万五千里长征"。

# “爱民模范”谢臣

1963年8月，在一次抗洪抢险中，谢臣奋不顾身地抢救遇险群众，献出了宝贵的生命，被授予“爱民模范”的光荣称号。

谢臣所在的炮兵连，每个战士都有一个针线包，但谢臣却有两个。参军以前，谢臣在老家放羊。那时候羊多牧羊人少，为了管理好集体财产，谢臣在羊圈前搭了个小棚子，住在山上。衣服破了没有时间送到家里缝补，他便向母亲要了针线包，自己试着动手缝补。后来牧羊用的雨伞破了、毛毯破了，他都自己缝补得整整齐齐的。

在部队里，谢臣常把两个针线包带在身上。他用它们缝过炮衣，补过篷布和战友们的军装。谢臣在部队成为一名驭手后，经常骑马、赶马车，两个针线包的用处就更大了。马车的鞍子、皮套出现了裂纹时，他总是第一时间把它们缝好。马车上的套拥子[①]不能用了，班长让谢臣领个新的套拥子，他却没吭声，从废旧物资中找了一块雨布，在同志们睡觉的时候，按照原来套拥子的模样，做了一个新的。这样，谢臣的车上就有了两个套拥子。他这种艰苦朴素、勤俭节约、爱劳动的品质受到同志们的一致好评。

① 套拥子：套在役畜膀子处防止夹板硌坏肉的用具。

## 王英高将军的三宝

王英高将军曾任解放军某部政委，其妻曾是北京某医院的副院长，二人育有三个儿子和两个女儿。夫妇二人身居高位，生活比较宽裕，却一直保持着勤俭节约、爱劳动的优良作风。王英高将军家有三件宝。

第一件宝是修鞋工具，它是王英高将军进城以后买的。虽然王英高将军家经济条件较好，足以给子女们买款式新、质量好的鞋子，但是为了给孩子们树立榜样，老两口总是穿布鞋，买来了新鞋也要先钉上掌再上脚，穿一阵就打上包头。一双布鞋一穿就是好几年，一双棉鞋也可以穿十来年。

第二件宝是缝纫机。王英高将军总是穿一身便服和一双布鞋，头上端正地戴着一顶军帽。孩子们的衣服基本都是妻子在家里做的，大孩子穿小了的衣服，妻子就给小孩子改一改继续穿。在夫妇俩的培养下，大女儿和小女儿都会熟练地缝补衣服。

第三件宝是一套理发工具。三个儿子小时候都是由王英高将军亲自理发。到了学生时代，三个儿子则一律留平头，头发长了就互相理发，从来不去理发店。等到老大和老二成家后，他们仍然和老三互相理发，依旧保持着好习惯。

后来，王英高将军的五个孩子先后加入了中国共产党，吃苦耐劳，踏踏实实地为党为人民奉献着一切。

## “草鞋书记”杨善洲

杨善洲1951年参加工作，1952年11月加入中国共产党，先后任云南省施甸县委书记、保山地委书记等职。他喜欢和群众一起劳动，下乡时常把锄头带在身边，戴草帽、穿草鞋，被群众亲切地称为“草鞋书记”。

1988年，杨善洲从保山地委书记的岗位上退休后，主动放弃到省城昆明安享晚年的机会，回到了家乡施甸县，带领群众历尽艰辛义务植树造林。经过22年的辛勤耕耘，杨善洲带着干部群众植树造林5.6万亩，让大亮山披上绿装。他还带领大家修建林区公路，架设输电线路，让大亮山群众过上通路通电的生活。

“只要生命不结束，服务人民不停止。”这是杨善洲生前说过的一句话，也是他一生的写照。杨善洲一辈子淡泊名利、廉洁奉公，把所有的精力都用在全心全意为人民服务上。

2010年10月10日，杨善洲因病逝世。他的模范事迹和崇高精神为党员干部，特别是领导干部，为政、干事、做人树立了一面光辉的旗帜。2018年，杨善洲被授予“改革先锋”荣誉称号；2019年，荣获“最美奋斗者”称号。在保山市的杨善洲纪念馆中，“人民公仆杨善洲”几个红色大字格外显眼，“杨善洲精神”正在激励和鼓舞着更多的共产党员为老百姓造福。

# 劳动

# 劳模风采

■ 劳动者在实践过程中创造出物质财富和精神财富。在劳动过程中，劳动者展示了自身风采，激发了自身的创造力，并产生积极的社会影响。在革命和建设时期，许多劳动模范和先进典型不断涌现，他们都是“最美劳动者”。

## 钢铁工人李绍奎

新中国成立后，人民群众焕发出极大的劳动热情。李绍奎是鞍山钢铁厂的一名工人，将工厂当成自己的家，无论工作多累，都毫无怨言。他常说："给自己干活，难道还能偷懒吗？"进厂不到两个月，他就成了全厂有名的生产突击手。

为了尽快在废墟上恢复生产，李绍奎把行李搬到厂里，并提出"向一秒钟要钢"的口号。他和工友们试验成功了炉门埋管吹氧新技术，把冶炼时间缩短了两个多小时。过去"洋专家"烧结炉底需要7天7夜，而他们只用了10多个小时。原来平炉装入量仅100吨，现在可以达到300吨。1953年，李绍奎负责的8号平炉，为国家增产1.5万吨优质钢材，成为全国大型平炉的一面红旗。

1958年冬，李绍奎正在做接班后的准备工作，突然发现蓄热室有可能会被水淹掉，进而导致整个平炉无法生产。李绍奎不顾水冷和被吸进水道的危险，让同事扯住自己的脚，一个猛子扎进水里，把水道口的脏东西给掏了出来。蓄热室安全了，李绍奎的皮肤却被冻成了黑紫色，头发也被冻成了冰丝。

1972年的一天，7号平炉的后墙烧了一个洞，烈火直往外喷，眼看就有停炉的危险。李绍奎夹着1包耐火材料，奔向蹿出1米多长火苗的炉墙缺口处，在高压空气喷管的掩护下，冒着炽热的高温，把耐火材料补到缺口上。经过两个小时的奋战，他补好了炉墙，挽救了一炉好钢，并保证了生产的正常进行。

李绍奎从一名工人成长为全国著名的劳动模范，成为钢铁战线的英雄人物，曾多次参加全国先进生产者代表会议，荣获“全国先进生产者”称号。

## 闻名全国的“马恒昌小组”

20世纪50年代初，“马恒昌小组”闻名全国，带动了一场席卷神州大地的热火朝天的爱国主义劳动竞赛。

“马恒昌小组”原是沈阳第五机器厂的一个车工小组。1948年11月，沈阳刚刚解放，在敌机不断轰炸的情况下，马恒昌带领小组成员奋不顾身地完成一批批军工生产任务。他们还带头向全厂职工发出开展“红五月劳动竞赛”的倡议，并以优异的成绩获得“生产竞赛模范班”的红旗。在授旗会上，这个组被正式命名为“马恒昌小组”，马恒昌任组长。

1951年，为了支援抗美援朝战争，“马恒昌小组”通过《工人日报》向全国职工发出了开展爱国主义劳动竞赛的倡议，不久，就得到了全国各地各个班组的积极响应。许多企业的劳动生产率成倍，甚至十几倍地增长，促进了国民经济恢复，有力地支援了抗美援朝战争。这一年，“马恒昌小组”提前两个半月完成了工厂交付的任务，创造了69项新纪录。

1950年至1978年，“马恒昌小组”累计完成了43年零10个月的工作量，实现了840多项技术革新，在2000多道工序上创造性地运用了自动套扣、联合车刀、带窝顶尖等109项国际先进技术。在20多年里，“马恒昌小组”换了十几任组长和十几茬组员，为国家培养了几百名领导干部和技术工人，始终保持着敢打硬仗、勇挑重担、创优质、夺高产、主动为国家多作贡献的精神，成为全国机械工业战线上的排头兵。

“马恒昌小组”是最早以个人名字命名的全国劳模班组，曾多次被授予“特等劳模小组”“革命的熔炉”“战斗的集体”“不断革命的红旗”等光荣称号。

## “人民勤务员”时传祥

时传祥出生在山东省齐河县的一个贫苦农民家庭。少年时，因家乡遭遇灾荒，他流落到北京，当起了“掏粪工”。新中国成立后，时传祥从过去的“粪花子”变成了新中国的清洁工人。怀着对共产党和新中国的感恩之心，时传祥全身心地投入工作。

他干这行，没有节假日，不用人来找，总会主动去该掏粪的地方。不管坑外多烂、坑底多深，他都想方设法掏干扫净。有砖头和瓦块掉进茅坑里，他就弯下腰去，用手把砖头和瓦块一块块地拣出来。

20世纪50年代，为了体现对清洁工人劳动的尊重，北京市人民政府不仅规定掏粪工的工资高于其他行业，还将过去送粪的轱辘车全部换成汽车，想方设法地减轻掏粪工人的劳动强度。运输工具改善之后，担任班长的时传祥合理计算工时，充分挖掘工人潜力，将过去7个人一班的大班，改为5个人一班的小班。全班由过去每人每班背粪50桶增加到80桶，自己则每班背粪90桶，每班最多掏粪背粪达5吨。

时传祥干工作从不分分内分外，谁家的墙头倒了，他就主动给砌好；谁家的厕所没有挖坑，他就带上工具给挖好。时间一长，他不仅成了老百姓尊敬和信赖的朋友，还赢得了全社会的尊重。

1959年，全国“群英会”在人民大会堂召开，刘少奇同志握着时传祥的手说：“你掏大粪是人民勤务员，我当主席也是人民勤务员，这只是革命分工不同。”

时传祥把掏粪当作十分光荣的劳动，用实际行动践行着全心全意为人民服务的崇高信仰。

## “最美奋斗者”孟泰

孟泰，1898年生，河北省丰润县人，全国劳动模范，工人阶级的优秀代表。1949年8月，他光荣地加入中国共产党，成为鞍山解放后第一批发展的产业工人党员之一。他在“鞍钢”从技术员一直干到了炼铁厂副厂长，为恢复和发展鞍钢生产作出了重要贡献。

1948年，鞍钢在战争中遭到了严重破坏。为了恢复生产，孟泰带领广大工人顶风冒雪，刨冰雪，挖备件，把日伪时期遗留下来的几个废铁堆翻了个遍，搜寻各种有用的器材，拣了成千上万个零件，建成了闻名全国的“孟泰仓库”。

抗美援朝战争期间，孟泰主动担任护厂队员，把行李扛到高炉上，冒着遭到空袭的危险，随时准备用身体护卫高炉。他勇于攻克技术难关，苏联政府停止对我国供应大型轧辊，致使鞍钢面临停产。在危急的情况下，他组织500多名技协积极分子进行从炼铁、炼钢到铸钢的一条龙厂际协作联合技术攻关，先后攻克了十几项技术难题，成功制造出大型轧辊，填补了我国冶金史上的空白，为鞍钢谱写了“一曲自力更生的凯歌”。他自己设计制造的双层循环水给冷却热风炉燃烧筒提高寿命100倍。

“文化大革命”期间，面对遭受严重破坏的鞍钢生产，孟泰顶住各种压力，维护鞍钢的生产秩序。在任鞍钢炼铁厂副厂长的8年时间里，他爱厂如家，为生产解难，为工人排忧，深得工人爱戴，被称为“身不离劳动，心不离群众的干部”。

1967年9月，孟泰积劳成疾，在北京病逝。20世纪五六十年代，孟泰被誉为“全国钢铁战线的老英雄”；2019年，被授予“最美奋斗者”称号。

# 李素文学做菜

20世纪50年代，李素文在沈阳的一家菜市场当售货员。她把卖菜这一平凡的工作干得有声有色。

有一次，顾客拿起一捆菜与李素文聊道："这个菜很好吃，可惜我自己做不出那种味道。"这个人说完就走了，并未买菜。李素文心想，要是自己学着把这些菜做得很好吃，并把做菜的方法介绍给顾客，生意肯定会更好。

当天卖完菜后，李素文就去找了一位食堂的老师傅，向他请教做菜的方法。那个老师傅非常大方，将自己的手艺毫无保留地教给了她。从那以后，好学的李素文天天来找老师傅学做菜。就这样，学会做菜的李素文把自己做菜的经验传授给其他卖菜者。后来，她还组织全市几百名卖菜者去集体学习。

李素文无私奉献，造福大众，多次被评为"全国劳动模范"，并在第三届全国人民代表大会上作了《为革命卖菜》的发言，发言不仅感动了在座的普通听众们，也深深地感动了周总理，周总理全程为她鼓掌7次。1975年，李素文担任全国人大常委会副委员长职务。她用自己的劳动和汗水赢得了人民的尊重，是当之无愧的时代劳模。

## “铁人”王进喜

王进喜是社会主义建设时期工人阶级的杰出代表，大庆油田的英雄代表，2019年，被授予“最美奋斗者”称号。

1960年3月，王进喜带领1205钻井队，日夜兼程地从甘肃玉门油田赶到大庆，一场轰轰烈烈的石油大会战在此拉开序幕。作为石油大会战的主力军，王进喜和其团队肩负着让新中国摘掉“贫油”帽子的重任。他们一下火车，首先面临的任务就是安装60多吨重的钻机。当时，没有吊车也没有拖拉机，只有几辆解放牌汽车可供使用，大家齐心协力，想办法克服困难。

最终，王进喜带领30多名工人兄弟，把钻机拆成几个大件，用绳子拉，用撬杠撬，用木板垫，把钻机从火车上卸下来。大家的手掌被棕绳勒出了血，肩膀也被压得又肿又痛，却始终没有抱怨一声。就这样，王进喜和工友们硬是把60多吨重的钻机一寸一寸、一尺一尺地运到井场，将40多米高的井架竖立在茫茫荒原上。

1960年4月，大庆的第一口油井开钻，当第一口油井打好之后，王进喜的右腿却被滚落的钻杆砸伤了。油田领导和工人们将他送到了医院。他顾不上住院，连夜拄着拐杖赶回了井场。打第二口油井时发生井喷的紧急关头，井场上没有重晶石粉，他当机立断，决定用水泥代替，又发现没有搅拌机，水泥沉到池底，不起作用。就在这时，王进喜不顾腿伤，扔掉双拐，纵身跳进泥浆池，用身体搅拌着泥浆。在他的带动下，工友们也纷纷跳进泥池。经过3个多小时的奋战，井喷终于被压制住了。

房东赵大娘看到王进喜领着工人们没日没夜地干，有时忙得都顾不上吃一口饭，感慨地说：“王队长真是个铁人啊！”从此，“铁人”的美誉传开，“铁人精神”一直激励和鼓舞着一代又一代石油人奋勇前行。

## 孟广彬和“雷锋号”小鞋摊

孟广彬是一位鞋匠，曾入选“中国好人榜”，荣获“全国劳动模范”称号。自1988年起，他开始在哈尔滨师范大学校园外摆摊修鞋，一直把雷锋当作自己的榜样，并注册了“雷锋号”小鞋摊，用自己的劳动诠释了一位草根工匠的社会价值。

几十年来，孟广彬始终如一，在平凡的岗位上默默地贡献着自己的力量。他的鞋摊旁有块小黑板，写着：“鞋子穿坏请别愁，广彬为您解忧愁；生活之中互帮助，雷锋精神记心头。”他用实际行动为人民群众提供便利。

孟广彬找人制作了2000多张优惠卡，并分发给贫困群众。只要是贫困学生、老人和残疾人来修鞋，他一概分文不取。几十年来，他义务修鞋10余万双。无论刮风还是下雪，他都要等学生们放学把鞋取走后再收摊。

有一年春天，孟广彬在收拾修鞋摊时，捡到了一个棕色的皮包，皮包里有1万元钱。他一直等着失主来寻找，把皮包交还给失主后才回家。多年来，他捡到并交还的现金、支票等钱物有20余万元。

每逢节假日，他总是骑着自行车，带着修鞋箱，到福利院、孤儿院和社区，为特困户、残疾人、烈士家属、抗美援朝老功臣等义务修鞋。他还为困难群众捐款捐物，资助了百余人。

孟广彬经常告诫自己：“没有党和社会的关爱，就没有我的今天，我一定要修好百姓鞋、走好百姓路，传承雷锋精神是我一辈子的事业。”

## “一抓一个准”的张秉贵

全国劳动模范张秉贵是我国商业战线上的一面旗帜。他是北京王府井百货大楼糖果柜台的售货员，工作时，全力以赴，眼、耳、口、手、脑并用，不停地抓糖、过磅、包包儿、打捆儿，同时用心算代替算盘。虽然买糖的人很多，却从不让顾客多等。不管顾客要多少糖，他都能“一抓一个准”，手就像秤一样准。遇到老弱病残的顾客，他总是热情地给予关照；对顾客的要求，他总是认真倾听，最大限度地给予满足；对顾客的询问，他更是耐心解答，做到有问必答。

为了更好地服务顾客，张秉贵不仅到糖果厂参观考察，了解糖果的制作过程，而且到医院向医生请教各种糖果的营养知识。他掌握了丰富的糖果知识，结合实际，更好地满足顾客的需求。比如，肝病患者需要补充糖分，当患肝病的顾客买糖时，他就为其介绍含糖分多，有益肝病治疗的水果糖；气管炎患者经常咳嗽，需要润肺，他就为其介绍冰糖；消化不良的顾客买糖时，他就给顾客推荐柠檬糖。他将每一位顾客当成自己的亲人，做到买与不买一个样，买多买少一个样，生人熟人一个样，大人小孩一个样。

1987年，张秉贵逝世，他已经离开我们很多年了，但是祖国和人民没有忘记他。2009年，张秉贵被评为

"100位新中国成立以来感动中国人物"。2017年，王府井集团决定，将每年的9月18日设立为张秉贵日，以传承和弘扬张秉贵为人民服务的精神。2019年，张秉贵被评为"最美奋斗者"。

# “当代雷锋”郭明义

郭明义是鞍钢集团矿业有限公司齐大山铁矿的职工，以雷锋为榜样，几十年如一日地爱岗敬业，无私奉献。他干一行爱一行，钻一行精一行。在参加工作的30多年里，他在先后工作的7个不同岗位上，都取得了突出业绩。

郭明义乐于学习，敢于创新。他先后考取了大专、本科的文凭，还利用业余时间苦学英语，提升英语口语和翻译能力。在担任矿扩建工程办公室英文翻译期间，他是外方专家信赖的合作伙伴，先后发现5台进口设备有重大质量问题，为企业获得了10万美元的赔偿金。面对外方公司高于鞍钢工资7倍的高薪聘请时，他不为所动，像一颗永不生锈的螺丝钉，牢牢地坚守在自己的岗位上。

1996年，郭明义担任采场公路管理员，一到岗，他就把自己的办公地点从机关办公楼移到了露天采场，每天提前两个小时上班，节假日从不休息，累计义务工作21000多个小时，相当于多干了7年的工作量。

成为采场公路管理员后，他研制的采场公路建设的新技术、新工艺、新流程，填补了矿业公司多项技术空白，研制的路料配比新方案，大幅度降低了修路成本，为企业创效近4000万元。

## “公交战线的旗帜”李素丽

李素丽是北京公交系统的一名公共汽车售票员，在多年的工作实践中，她练就了一身为乘客服务的过硬本领。

老幼病残孕乘客最怕摔怕磕怕碰，李素丽每次都主动搀扶他们；上班族急着按时上班，李素丽见到他们追车就尽量不关门等他们；外地乘客既怕上错车，又怕坐过站，李素丽不仅百问不烦，还耐心地帮他们指路，提醒他们到站下车；中小学生天性活泼，李素丽总是提醒他们维护公共秩序，注意交通安全；遇到堵车时，李素丽就拿出报纸、杂志给乘客看，以缓解他们焦急的心情；看到有人晕车或不舒服想吐时，她会及时送上一个塑料袋；遇到不小心碰伤的乘客时，她就赶紧从特意准备的小药箱里拿出常备的创可贴；看到姑娘们夏天穿着长裙上下车时，她总是不忘提醒她们把裙子往上拎一拎，以免被后面的乘客踩到。

21路公共汽车北起北京北站，南至北京西站，沿线10公里分布着14个车站，李素丽就是在这样平凡的岗位上，日复一日地辛勤劳动，以真诚的笑脸、热情的话语、周到的服务和细致的关怀，让乘客们满意。她总是在售票台的抽屉里放一个小棉垫，这是她特意为抱小孩的乘客准备的。有时车上人多，抱孩子的乘客一时找不到座位，李素丽就拿出小棉垫垫在售票台上，让孩子坐在上面。在进出站时，她总会打开售票台旁的车窗，即使下大雨，也要把车窗打开，将手里的伞遮在上车前脱掉雨衣、收拢雨伞的乘客头上。她习惯在车厢里边穿行边售票，车里乘客众多，尽管总是挤得一身汗，她却说："辛苦我一个，方便众乘客。"

李素丽在10米车厢中踏踏实实地为人民服务，实实在在地为社会作贡献，以优质的服务成为飘扬在全国公交战线上的一面旗帜。

# 行走在高原邮路上的王顺友

王顺友是四川省凉山彝族自治州木里藏族自治县“马班邮路”的投递员。自1985年参加工作以来，他一直负责木里县城至白碉苗族乡、三桷垭乡、倮波乡等地的邮件投递工作。他在雪域高原跋涉了26万公里，相当于走了21趟二万五千里长征路。他每年投递报纸8000多份、杂志700多份、函件1500多份、包裹600多件，投递准确率为100%。

四川木里藏族自治县地处青藏高原东南角，平均海拔3100米。这里的高山绵延起伏，全县海拔在5000米以上的大山有20多座，生活和工作条件十分艰苦。

王顺友每月有两个邮班，一个邮班来回14天，一个月有28天徒步跋涉在这苍茫大山中的邮路上。从海拔近5000米到近1000米，他要依次经过察尔瓦山、雅砻江河谷、座窝山、矮子沟、鸡毛店山、山王庙峰、刀子山等大大小小的山峰沟谷，穿过4片野兽出没的原始森林。

邮路的必经之地察尔瓦山，气候非常恶劣，一年中有6个月冰雪覆盖，气温达到零下十几度。然而，王友顺一旦走到海拔1000多米的雅砻江河谷时，气温又高达40℃。从白碉苗族乡到倮波乡，他还要经过当地老百姓都谈之色变的“九十九道拐”。这里拐连拐，弯连弯，山狭路窄，抬头是悬崖峭壁，低头是波涛汹涌的雅砻江，稍有不慎，就会连人带马一起摔下悬崖，跌入滔滔江水。这就是王顺友走了20年的高原邮路。

在这条路上，没有人与他分担，他孤身一人，以苦为乐。他常常说：“搞好本职工作是我的责任，再大的苦也要忍了，不能给党丢脸。”凭借着这种高度负责的敬业精神，王顺友成为老百姓心中最亲最美的邮递员。2019年9月，王顺友荣获“最美奋斗者”称号。

# 劳动

## 科技创新

■ 科学技术是第一生产力，科技创新是最重要的脑力劳动。在不同的历史时期，一代又一代科学家心系祖国和人民，不畏艰难，无私奉献，为科学技术进步、人民生活改善、中华民族伟大复兴作出了重要贡献。

## 宇宙中有颗“中华星”

中国现代天文学家张钰哲长期致力于小行星和彗星的观测和轨道计算工作，其著名成果是发现了“中华”小行星。这是中国人发现并命名的第一颗小行星。

1928年11月22日夜，张钰哲在美国叶凯士天文台上激动地喊着：“捉住了，捉住了！我终于把它捉住了……”两年来，他一直在苦苦探索，在茫茫星海中找寻一颗人类从未发现过的行星。

为了发现这颗行星，张钰哲两年来从未睡过一个好觉，陪伴他的只有伸向星空的天文望远镜。经过连续观测和精密的轨道计算，他确信两年前自己发现的那颗行星是从未有过记录的新行星。当这颗行星再次进入他的观测网时，他轻按相机快门，终于将它留在了底片上。张钰哲的发现，很快就得到了国际行星中心的承认。依照国际惯例，发现者有权为它命名。身处异国他乡的张钰哲，为这颗小行星命名为“中华星”。

此后，他又陆续发现了若干颗在星历表上没有记载的新星。国际天文学界为表示对他的敬意，将由美国哈佛大学天文台于1976年10月23日发现的一颗新星定名为“张钰哲星”。

## 童第周借钱买显微镜

抗日战争时期，山东大学南迁，著名生物学家童第周和夫人叶毓芬被困在四川的一个小镇上，生活困难。当时由于缺乏设备，二人无法从事科学研究。

一天，童第周兴冲冲地回家，一进门就高兴地叫着:“毓芬！毓芬！我发现了一件宝贝！”原来，他回家途中，在旧货商店里发现了一架双筒显微镜。夫妇俩赶紧跑到商店去看，轻轻抚摸。童第周问老板：“多少钱？”老板顺手指了一下显微镜上的标价说:“6万元！”6万元相当于二人两年的工资。夫妇俩被吓了一跳，叹了口气，恋恋不舍地回家了。

回家后，二人反复商量，最终决定买下这架显微镜。第二天，他们又跑到商店去看，发现价格已经上调到65000元。原来，战争时期，经济形势不好，物价上涨很快。

叶毓芬知道丈夫十分需要这架显微镜，提议先向亲戚朋友借一些钱购买显微镜，以后再慢慢还。于是，二人东奔西跑，求亲告友，才凑够了钱，买下了这架显微镜。有了显微镜，夫妇俩开始紧锣密鼓地进行生物学实验。一篇篇高质量的科学论文发表后，立刻在国内外引起了强烈反响，也引起了生物学界的普遍关注。

后来，英国著名的生物学家李约瑟来看望他们，提出参观实验室。李约瑟看了半天，发现实验室里除了一架显微镜，其他一无所有。他禁不住地连声称赞："奇迹！奇迹！这真是科学史上的奇迹！在这样艰苦的条件下，写出那样高水平的科学论文，简直不可思议！"

# “侯氏制碱法”世界领先

侯德榜是我国著名的化工专家、实业家，“侯氏制碱法”的创始人。

抗日战争全面爆发后，南京沦陷，永利化学工业公司的塘沽、南京两厂落入敌手。侯德榜和同仁不得不含泪撤至西南重镇重庆。他们决定在华西重新建立化工基地，侯德榜任永利川厂厂长兼总工程师，肩负起建设华西化工基地的重任。在这期间，他创造了著名的联合制碱法——侯氏制碱法。

制碱的原料主要是盐。塘沽地区海盐丰富，价格低廉；我国华西地区虽然也有盐，却是从地下几千米深处挖出的井盐，价格要贵几十倍。另外，“索尔维制碱法”盐的利用率仅为70%左右。如果在华西地区仍然采用索尔维法制碱，那么就要耗费许多人力和财力，制碱的成本极高。为适应华西地区的自然条件，侯德榜思前想后，决定放弃使用得心应手的索尔维制碱法，另辟蹊径寻找新的制碱方法。

为找到适合内地条件的制碱工艺，侯德榜等人准备向德国购买新的工艺——“察安制碱法”的专利。当时德国是日本的盟友，德方对侯德榜一行百般刁难，不仅漫天要价，还提出“用察安法生产的产品不准向‘满洲国’出售”的辱华条件。侯德榜当即怒斥：“难道黄头发、蓝眼珠的人能搞出来的东西，我们黑头发、黑眼珠的人就办不到吗？”他当即率队离德，决定带领公司的技术骨干自行研制新的制碱工艺。

抗战期间，条件极其艰苦，但是侯德榜凭借着丰富的经验和渊博的知识，以及拳拳爱国之心，奋斗了3年，终于在1940年研制出融合察安法与索尔维法两种方法，将制碱和合成氨联合，同时生产纯碱与氯化铵化肥的新工艺。该联合制碱法把盐的利用率提高到90%，纯碱的制造成本比索维尔法降低了40%。1941年，这种新工艺被命名为“侯氏制碱法”。直至今天，“侯氏制碱法”仍是世界制碱领域最先进的制碱技术之一。

## “钱伟长方程”的诞生

抗日战争全面爆发后，钱伟长来到昆明，在西南联大从事学习和研究工作。1940年夏，他考取了公派留学生，来到加拿大多伦多大学，在著名力学家辛格教授门下从事研究工作。

导师问钱伟长准备做什么研究。钱伟长说，他准备继续研究板壳问题的内禀统一理论，并认为，潜水艇的外壳是椭圆形壳体，还有些物体是锥形壳、球形壳、筒形壳等。处理一种壳，就要有一个方程式。这些似乎各自独立的方程式，其中有共同的联系。世界并不需要那么多、那么复杂的方程式，应该找到它们之间的联系。导师听后，非常高兴，鼓励他沿着这个方向努力研究。

钱伟长对自己认准的事情非常执着。他从早到晚“泡”在图书馆里，查阅资料、思考、演算，经过半年多的持续攻关，首次运用数学的张量分析原理，找到了统一的方程式。1958年，他和导师共同写出了《弹性板壳的内禀理论》的论文。

在论文中，钱伟长提出的浅壳理论的非线性微分方程组，在国际上被称为“钱伟长方程”。当时，他年仅28岁。此后，钱伟长一直在力学领域深耕不辍，发表了100多篇论文，出版了10余部专著，成为国际物理学界的著名学者。

## 李四光打破“中国贫油论”

新中国成立初期，石油主要依赖国外进口。当时的西方学术界盛行“中国贫油”的论断，加之受旧的石油地质理论的影响，国内一些人对中国石油资源远景抱悲观看法，严重阻碍了中国石油工业的发展。

这时，我国著名地质学家李四光力排众议，坚信中国天然石油的远景大有可为。他从新华夏构造体系的观点出发，向党和政府积极建言，分析了我国的地质条件，认为我国天然石油资源的蕴藏量是相当丰富的。党中央领导人听取了李四光的建议，作出开展石油普查勘探的战略决策。

1956年，67岁高龄的李四光亲自主持石油普查勘探工作。他以自创的地质力学为理论基础，指出应该打开局限于“西北一隅”的勘探局面，在全国范围内寻找希望大、面积广的可能含油区。在其理论指导下，勘探队短时间内先后发现了大庆、胜利、大港、华北、江汉等油田，“中国贫油论”彻底破产了。

有了石油，新中国的经济建设得以飞速发展。但新中国的国防建设，还需要铀。1955年1月15日，毛泽东亲自主持召开中央书记处扩大会议，研究发展原子能事业的问题。会上，毛主席问：“中国有没有造原子弹的铀矿石？”李四光带着特意从欧洲带回来的探测器，以及从中国境内发现的铀矿石，给出了肯定的答案：“中国有铀！”实践出真知。在随后的勘探工作中，勘探队员们从李四光提出的三条东西构造带上，陆续发现了储量丰富、品位高的铀矿床。铀矿石的发现，为新中国“两弹”的研制奠定了坚实的基础。1964年10月16日，中国第一颗原子弹成功爆炸。

李四光用自己的一生践行了科学救国的理想信念，其业绩光耀九州，福泽万世，堪称学者的典范，师者的楷模，为世人敬仰。

## 气象学家竺可桢

竺可桢是中国近现代著名的气象学家、地理学家和教育学家。新中国成立后，他被推选为中国科学院副院长，行政工作非常繁忙。尽管如此，他仍然坚持亲自到野外进行实地考察，获得第一手资料，以供科学研究使用。

为了寻找治理黄河泛滥造成的洪水灾害的办法，竺可桢不远千里，率众沿黄河而上。虽因过度劳累和水土不服而病倒，但他仍然坚持考察访问直到最后。为了考察水能、水利、地质等自然资源、自然条件和当地的经济状况，他又乘船沿松花江顺流而下，东行西折北至苏联，行程数千里。他穿梭在林海、草原、江河间，晓行夜宿，生活非常艰苦，却毫不介意，且感到其乐无穷。为了考察沙漠和海洋的状况，年近古稀的竺可桢曾3次跑到沙漠，了解情况，指导工作，荒凉的腾格里沙漠和河套沙漠都留下了他忙碌的身影。

1970年后，80多岁高龄、身体状况不佳的竺可桢仍忙于其力作——《物候学》的修订工作。《物候学》是竺可桢一生中的最后一部作品。此书一出版，即销售一空。有文章评价说："本书是历史文献结合科学观察的一部著作，把我国物候学带入了新的纪元。"

## 长寿院士贝时璋

贝时璋，生物学家，1903年生，1955年选聘为中国科学院学部委员（院士），2009年去世，享年107岁。他创立了细胞重建学说，在实验细胞学研究领域取得了巨大成就。中国国家天文台将1996年发现的第36015号小行星命名为“贝时璋星”。

贝时璋的学生郑竺英回忆：“贝老师上课从来没有讲稿，就拿两支粉笔：一支红的，一支蓝的。一边讲课，一边就在黑板上画着图，这个图画出来特别漂亮。比如循环系统，红的血管就是动脉，静脉就是蓝的。他都画得很清楚，最最特殊的一点就是他记得成千上万条神经的名称，并会一个不落地都给你写出来、标出来。”说起贝时璋授课的情形，郑竺英的敬佩之情溢于言表。

抗战期间，贝时璋所在的浙江大学西迁至贵州，老师和学生的日子都过得十分艰苦。老师们在授课工作之余，纷纷当起了菜农和羊倌，自己种菜、自己放羊，却依然食不果腹。纵然如此，贝时璋也没有中断科研。在1942年西迁途中，他发表了一篇关于细胞重建理论的重要论文，这一理论是贝时璋在细胞学领域作出的开拓性贡献。

关于细胞学说，人们常听到的一个名词便是“细胞分裂”。这条细胞学领域的“金科玉律”已经有100多年的历史。在这100多年间，生物学界一直认为，细胞是以分裂方式繁殖增生的，细胞分裂是细胞繁殖增生的唯一途径。而贝时璋的“细胞重建”学说，无疑是向传统的“细胞分裂”观念提出了挑战。

贝时璋还是我国放射生物学和宇宙生物学研究领域的开拓者，为我国载人航天事业的发展奠定了基础。爱国主义精神贯穿了贝时璋的一生，这是他留给大家的宝贵精神财富，将永远激励后人为民族振兴而奋斗。

## “两弹元勋”邓稼先

邓稼先，中国著名的核物理学家，是我国核武器理论研究工作的奠基者和开拓者。1950年，开始进行中国原子核理论研究，1958年，他接受制造原子弹的任务，曾花半年时间从各个大学选拔了28名优秀毕业生。

邓稼先和他们一起努力工作，以破解原子弹理论方程。他们使用一台早已被淘汰的手摇计算机，计算机每秒只能运算10次。一次，为了验证一个关键数字，团队里的青年人等不及，干脆就用算盘来计算数据。他们一共进行了9次计算，每验证一次，青年人就要拨一个月的算盘。邓稼先和团队成员经过2000多个日夜的辛苦探索，才算出了那个事关原子弹成败的关键数字。经过邓稼先和团队的攻坚克难、不懈努力，中国第一颗原子弹于1964年10月16日爆炸成功。此后，邓稼先又转向了氢弹的研制。1967年6月17日，中国第一颗氢弹爆炸成功。

核武器的研究，是一项需要研究人员隐姓埋名、辛勤耕耘、不计名利的事业。邓稼先的心中只有祖国，只有祖国的事业，从不考虑自己的需要。当他的同学早已蜚声海外时，邓稼先却一直是处于绝密状态的科学家。

1986年7月29日，邓稼先为了祖国的核武器事业耗尽了最后一丝精力，溘然辞世。这一天，他光辉的名字和那充满神秘色彩的奉献故事才被公之于众。从此，“两弹元勋”邓稼先的名字永远铭刻在中华民族的光辉史册上。

## 睡在长板凳上的钱学森

钱学森是我国著名的科学家，“两弹一星功勋奖章”获得者。20世纪60年代，为了进行“东风三号”导弹全程试验和其他试验任务，中央军委决定在山西建设新的发射试验基地。

基地刚建成不久，钱学森便赴山西太原发射中心组织指挥导弹发射任务。中国火箭技术研究院的于龙淮等人随钱学森一同前往，于龙淮承担这次发射任务的组织协调工作，因此他和钱学森一同在指挥中心值班。

导弹原定下午5点发射，因准备工作出现问题，发射先是推迟到午夜，而后又推迟至第二天凌晨。钱学森一夜没睡，坚持留在指挥岗位上。那个指挥厅非常简陋，除了几个桌子板凳，连个沙发椅都没有。钱学森便和大家一样，搬来两个木板凳并在一起，和衣躺下休息。

于龙淮看着穿着一身旧军装睡下的钱学森，既有些担心又对钱学森充满敬意。想着想着，于龙淮便睡着了，当他一觉醒来，只见钱学森早已精神抖擞地坚守在指挥岗位上了。钱学森见于龙淮醒了，便笑眯眯地说：“小于啊，你的呼噜打得可真有水平啊！”幽默的话语，一下子把指挥大厅的人全都逗笑了，也缓解了大家因故障而产生的焦虑和疲惫感。整个大厅立即活跃起来，大家都精神百倍地投入新一天的战斗中。最终，导弹在早上8点顺利升空。

## 钱三强和原子能科学

核物理学家钱三强是中国原子能科学事业的创始人。1955年，国家经济恢复工作已经告一段落，根据当时的国际形势，党中央作出了研制原子弹的决策。钱三强作为原子弹规划的负责人，立即投入原子能事业的领导和统筹工作中。

然而，中国的核弹研究工作并不是一帆风顺的。1959年，苏联单方面终止中苏两国签订的《国防新技术协定》，撤走了全部专家，还讥讽道："离开外界的帮助，中国20年也搞不出原子弹。你们就守着这堆废铜烂铁吧！"

"别人能搞出来的，我们也能搞！"在原子弹的研制过程中，有一种扩散分离膜是铀235生产中最关键、最机密的部分。为了攻克这一关键技术难题，钱三强组建攻关小组，经过4年努力，终于成功研制出合格的扩散分离膜，并开始批量生产，使中国成为继美、苏、法之后，第四个能制造扩散分离膜的国家。

1964年10月16日，中国第一颗原子弹爆炸成功。这一年，钱三强51岁。在如此短的时间内独立研制出原子弹的事迹令美苏等大国均对中国刮目相看。

尽管遮盖在中国大地上的乌云被吹散了，但是钱三强没有止步，他带领技术团队，再一次投入研制氢弹的工作中。1967年，我国第一颗氢弹爆炸成功，世界为之震惊，中国人创造了世界上从原子弹试验成功到氢弹试验成功最快的纪录。

钱三强一生脚踏实地、艰苦攻坚，创造了世界导弹研究领域的奇迹，为共和国铸就了不朽的丰碑。1999年，钱三强荣获“两弹一星功勋奖章”。

## 石油化工催化剂专家闵恩泽

1960年开始，苏联逐步减少甚至停止向我国供应催化剂，这直接威胁到我国航空汽油的生产，形势十分严峻。时任石油工业部部长的余秋里把研究开发催化剂的任务交给了石油化工催化剂专家闵恩泽。

在危急关头，闵恩泽承担起开发任务，与同事一起，发扬自力更生精神，夜以继日，废寝忘食，进行现场试验，制定各种试产方案。终于，功夫不负有心人，4年后，中国的催化剂试生产成功，国家自己研制生产的高质量的小球硅铝催化剂问世。1964年，兰州炼油厂建成，这种催化剂及时投产，保证了我国国防航空汽油的供应。

由于夙兴夜寐的工作和异常艰苦的工作条件，催化剂的试生产成功了，闵恩泽却病倒了。他患上了肺癌，要动大手术。这让闵恩泽失去了两片肺叶和一根肋骨。但是，病魔的侵袭没能阻止闵恩泽探索前进、为国奉献的脚步。大病初愈的他，只是爬几层楼都会气喘吁吁。但正是在这段时间里，他开发了铂重整催化剂和磷酸硅藻土叠合催化剂，还设计建设了生产车间，成功打破了炼油催化剂领域国外的技术封锁，满足了国内急需。

夫人陆婉珍同是中国科学院院士，她这样评价闵恩泽："他能取得一些成绩，并不是他比别人聪明，只不过是他一辈子都在不停地钻研这件事。"而女儿则说："父亲的脑子比较单纯，一天到晚就在想他那个催化剂的事。”

闵恩泽曾获“国家最高科学技术奖”“国家科技进步奖二等奖”“何梁何利基金科学与技术进步奖”，以及“感动中国2007年度人物”等荣誉。

“感动中国”组委会在授予闵恩泽的颁奖词中说道：“在国家需要的时候，他站出来！燃烧自己，照亮能源产业。把创新当成快乐，让混沌变得清澈，他为中国制造了催化剂。点石成金，引领变化，永不失活，他就是中国科学的催化剂！”

## 华罗庚推广优选法与统筹法

华罗庚是我国具有国际影响力的杰出数学家。他出身贫寒，真心希望自己的学术能直接服务于工农业生产生活。一次偶然的机会，他参加了一个战士的追悼会，这个战士为了一个爆破面的成功，牺牲了自己。这件事对华罗庚的刺激很大，他说："为什么不能在生产雷管的过程中，保证雷管质量，使爆破百分之百成功？"于是，他提出道道工序要优选的建议。统筹法和优选法就是这样被"逼"出来的。

1964年，华罗庚给毛泽东写信，建议在生产实践中推广优选法和统筹法，以便提高管理水平和效率。毛泽东回信称赞他，"壮志凌云，可喜可贺"。由此开始，华罗庚深入基层，跑遍祖国大地，推广优选法与统筹法。他冒酷暑顶严寒，亲自到工厂、矿山，用深入浅出的语言向工人、农民传授知识，帮助他们增加产量、提高质量、降低消耗。

在普及"双法"的道路上，除了身体上的劳累，华罗庚还遭受着这样或那样的攻击与干扰，身心疲惫，身体每况愈下。自1965年起至去世，华罗庚用了整整20个春秋寒暑，走遍了祖国26个省份，行程超过20万公里，使得数百万人得以聆听他的教诲，带动无以计数的人参加实践。他向大家证明了，好的学者即使在最恶劣的逆境中，仍然可以取得出色的成绩。

## 神经生理学界领袖张香桐

张香桐是中国神经科学的奠基人之一，是中国针刺麻醉机制研究的主要学术带头人之一。20世纪60年代，我国已经累计进行了几十万例针刺麻醉手术，但是针刺麻醉到底是一种什么感觉，许多研究人员却很难概括出来，因为他们没有切身的感受。为了取得第一手材料，张香桐做出了一个惊人之举。

1965年5月，张香桐决定进行针刺镇痛机制的研究。为此，当时已年近六旬的他提出，要在自己身体上进行一次模拟“针刺镇痛下的肺切除手术”，亲身体验针刺镇痛的感觉。

那天，张香桐身上足足扎了20多根银针，与进行真的手术时一样，由针灸医生用强手法在他身上捻针。在之后很长的一段时间里，他被针刺过的上肢、下肢活动时仍会感到酸痛，甚至打领带、扣扣子都不能自如地完成。

保姆在一旁心疼地说：“我不明白您为什么去自讨这份儿苦吃。”张香桐却不以为然，笑道：“以一人之痛，可能使天下人无痛，不是很好吗？”通过体验与实践，他真切地认识到，针刺镇痛是两种不同感觉传入中枢神经系统后相互作用的结果。

张香桐研究团队所取得的揭示针刺镇痛机理的科研

成果，引起了世界广泛关注，在美国兴起了针灸热，日本、瑞典等国纷纷邀请他去作报告。该项科研成果也相继于1978年、1980年分别荣获“全国科技大会成果奖”“中国科学院科技成果奖一等奖”，以及1980年度“茨列休尔德奖”。

## 戚发轫的登天之路

在中国航天事业的发展过程中，戚发轫作为技术专家，作出了巨大贡献。1968年2月，中国空间技术研究院正式成立，戚发轫和其他17位科学家经聂荣臻元帅批准进入研究院，专门负责卫星研制工作，他们被称为中国“航天十八勇士”。戚发轫担当重任，成为我国自行研制的第一颗人造卫星“东方红一号”的技术负责人，那一年他才35岁。然而，登天的路却是想象不到地艰难。

中国的航天事业，是在戚发轫等一代代年轻人的摸索中发展起来的。每走一步，都意味着要付出无数艰辛。当时的条件十分艰苦，试验场地极其简陋。“东方红一号”有4根3米长的收缩式天线，卫星上天后天线要靠自旋甩开，轻了甩不开，重了又会甩出去，地面试验既需要一定的场地又很危险。戚发轫他们没有试验场地，就在一个库房里做试验。他们兵分两路：身手矫健的爬上房梁进行观察，其他同事则拿包装箱的盖子挡着自己，从木头的裂缝里往外观察，一边躲闪一边记录。

为了搞卫星研究，戚发轫和团队日夜工作，长期奋战。他曾因劳累过度昏厥，但醒来后休息一下又开始了技术难题攻关。尽管阑尾穿孔，疼痛无比，他却努力忍住不下“火线”。1970年4月24日21时35分，“长征一号”火箭载着“东方红一号”直冲云霄，中国人自己研制的第一颗人造卫星顺利升空。

此后，戚发轫又主持了“东方红二号”“风云二号”“东方红三号”等6种卫星的研制工作，还亲自主持了10余次卫星的发射，在航空航天重大工程技术问题上发挥了指导和决策作用。

## “知识分子的优秀代表”蒋筑英

20世纪70年代，我国彩色电视荧光屏上的人面依然呈猪肝色，红旗是紫红色的。这是当时我国电视台的彩色电视的彩色复原技术不过关所致。而攻克这一技术难题，实现历史性突破的是一位已经离开我们40余年的科学家——蒋筑英。

蒋筑英就职于中国科学院长春光机所。他总是每天早上5点起床，一直忙到深夜，日复一日，年复一年，没有节假日。他随身带着一个小本子，这是他的“备忘录”，里面记着一件件别人求助于他的事情。对于每件事，他都有问必答，从不耽搁。他会英、俄、德、法、日5种外语，对别人有用的资料，则会耐心翻译，工工整整地誊抄后，再送给研究有关课题的同志参考。

他还是“义务资料员”，会主动帮所里的图书馆员编书目，帮助情报室编“光学设计与检验”索引资料，还把自己多年积累的大量文献卡片送给情报室，以方便大家查阅，甚至把自己掌握的最原始、最珍贵的科研资料随时提供给他人。导师王大珩称赞他是“科技界的雷锋”。

蒋筑英编写出我国第一个《彩色电视摄像机校色矩阵最优化程序》，设计了我国第一台电子分色机的分色特性及镀膜要求。他用自己的辛勤劳动浇开了一朵朵科技的新花。所里的老同志说蒋筑英是“永动机”，他却把自己比作“铺路石”。1982年6月，蒋筑英因过度劳累，病逝于成都，被追认为中国共产党党员，被追授“全国劳动模范”。聂荣臻元帅称赞他是“知识分子的优秀代表”。

## 苏步青效应

数学家苏步青被誉为“东方国度灿烂的数学明星”“东方第一几何学家”。1972年，苏步青来到江南造船厂。他了解到建造一艘200米长的轮船，需要在地上画出许多切割线，工作效率低下且费时费力。古稀之年的苏步青与青年教师一起，爬上船头，走进车间，研究国外文献，希望能找到解决问题的方法。

不久，苏步青成功地运用数学理论知识解决了船体放样中劳动强度大、精度差的问题。他把代数曲线论中的仿射不变量方法首创性地引入计算机几何学科，并将计算机应用于船体放样和切割中，解决了国外造船界长期没有解决的问题。在全国科学大会上，这项科研成果荣获“重大科技成果奖”。从此，他从纯数学理论中走出来，在基础科学与应用科学方面跨出了关键一步。

苏步青是我国著名的数学家，培养了一代代年轻学者，他们中有的成长为世界知名的数学家。有一次，苏步青对自己的学生说：“人家都说名师出高徒，我看还是高徒捧名师。”我们不妨把培养超过自己的科学家的教育现象谓之“苏步青效应”。其学生谷超豪、胡和生、李大潜等人都是有杰出贡献的数学家。

## 陈景润攻克“哥德巴赫猜想”

著名数学家陈景润早年就读于厦门大学数学系，毕业后进入中国科学院数学所工作。当时所里成立了专门的“哥德巴赫猜想”讨论组，陈景润也加入其中，开始朝着攻克“哥德巴赫猜想”的方向出发。

当时，中国科学院数学所条件不是很好，几个人共用一间宿舍。为了更好地工作，陈景润独自搬进了一个仅有6平方米的锅炉房，里面只有一张木板床，没有桌子和椅子。国外科学家拥有高速运转的电子计算机，陈景润只有一支笔，复杂的科学演算全靠笔算。

1973年，陈景润在《中国科学》杂志上正式发表了题为《大偶数表为一个素数及一个不超过二个素数的乘积之和》的论文，即“哥德巴赫猜想（1+2）”。直到陈景润成功之后，人们才发现他床底下有3麻袋多的草稿纸。更让人不可思议的是，1965年，布赫斯塔勃等人证明“1+3”用的是大型高速计算机，而陈景润证明“1+2”是独自一个人，完全用手工计算。陈景润凭着不懈的追求和惊人的毅力书写了数学史上的传奇。

美国著名的数学家阿·威尔（A. Weil）在读了陈景润关于哥德巴赫猜想（1+2）的论文以后，充满激情地称赞道：“陈景润的每一项工作，都好像是在喜马拉雅山山巅上行走。”

## 物理学家周培源

物理学家周培源曾在爱因斯坦身边工作，对运动方程等问题进行了深入的研究。回国后，他继续研究广义相对论。此后，为了支持抗战，他又转向更具实用性的湍流理论研究，历经50多年，终于建立了我国独特的湍流理论体系，他也因此被世界公认为湍流模式理论的奠基人。

周培源的三女儿周如玲曾经说过一件事：1980年，父亲在麻省理工学院当访问教授时，房间的空调坏了，人坐在屋里热得直冒汗。父亲穿着一件背心，坐在书桌前一动不动地演算，一坐就是几个钟头。几天后，父亲把算稿拿给我核对。五六页的算稿，密密麻麻地写满了各种公式、符号，加起来少说也得有近万个字符。我核对下来，发现只有一个张量的下标在誊写时抄错了，顷刻被感动得热泪盈眶。要知道，那时的父亲已是年近八旬的老人。

一般来说，科学家从事科技事业的黄金年龄段为青年到中年，而周培源的黄金年龄段却一直延续到耄耋之年。在周培源80岁至90岁的10年中，他与学生、同事共发表了24篇科学论文，其中有7篇论文都是他自己研究撰写并以个人名义发表的，其他论文也大多是在他的主持下与同事、学生共同研究撰写的。

著名物理学家王淦昌说："由衷钦敬他那一贯的为探求真理献身、不计荣辱、不畏物议、坚持实事求是的科学精神。"著名物理学家钱三强称其为"自己从事物理学习的好老师"。

## “微分几何之父”陈省身

陈省身是20世纪最伟大的几何学家之一，被誉为“微分几何之父”。陈省身曾在加州大学伯克利分校筹建以纯粹数学为主的美国国家数学研究所，并任研究所的第一任所长。1984年，中国教育部聘请陈省身担任南开大学数学研究所所长。醉心于数学研究工作的陈省身，一向不愿担任行政工作，但这次他却欣然接受了任命。

1985年10月17日，南开大学数学研究所正式成立。在成立大会上，陈省身郑重表示，要为数学所乃至中国数学事业的发展鞠躬尽瘁，死而后已。在筹建南开大学数学研究所时，他捐款1万美元，捐书7000余册，捐赠轿车3辆，并立下遗嘱：将自已1/3的遗产捐给南开大学数学所。随后，他又将所获沃尔夫奖的全部奖金5万美元，捐给了南开大学数学研究所。

起初，人们都以为陈省身的所长职位只是名誉性质的，所里的具体事务恐怕要交给副所长胡国定了。胡国定听到这话后连连摆手，说：“这是莫大的误解。”陈省身所长每年来南开大学两次，每次待两个月。在他返美期间，南开大学数学所的大小事宜皆由胡国定负责通信联络。往往陈省身给胡国定发出一封信，未等回信，就又发出另一封。他给每封信都编上了序号，把信中事务也排上序号。有一次，陈省身来信说，某号信的某一项胡国定尚未给予答复，这就使胡国定也不得不把信编上了序号。

陈省身把南开大学数学所当成自己的儿女一样呵护与培养，他每年都会邀请一些著名的数学专家前来讲学。在南开大学数学所成立的第二年，陈省身入选首批中国科学院外籍院士。国际数学联盟主席约翰·鲍尔曾评价陈省身：“陈教授既是一位伟大的数学家，又是一位伟大的数学活动家。他的高尚和睿智将永远留在世界各地朋友和同事们的记忆中。”

## 航天人巩庆海

巩庆海是中国航天科技集团的设计师和工程师，专门研究运载火箭制导系统。2011年是我国航天史上不平凡的一年，“天宫一号”目标飞行器和“神舟八号”飞船先后发射升空，我国载人航天首次空间交会对接任务圆满完成。载着它们进行太空之旅的改进型“长征二号F”运载火箭正是巩庆海及其团队参与设计的。

运载火箭只飞短短600秒，在这600秒里，火箭要经历从地面穿越九霄的历程，要完成速度的剧变而形成环绕地球轨道。整个过程无法人为干预，工程师能做的，只有在火箭发射前，尽可能地预先考虑到每一个可能出现的情况。

面对繁重的工作，巩庆海没有退缩。时间是制胜的关键。他放弃休息时间，投入设计和测试的工作中。一次次的尝试、一次次的创新、一次次的验证、一次次的修改……试验室和测试厂成了他的“家”。他经常是天蒙蒙亮就开始工作，走出试验室时已经天际昏暗、星辰闪耀。巩庆海还因此获得了研究室颁发的“披星戴月奖”。深夜入睡时，他的脑中就像过电影一样地闪过一条条曲线、一个个数据。实际上，从2011年年初开始，一直到火箭发射结束，巩庆海的神经都是紧绷的，有时候突然意识到某个环节有问题，还可能会被吓出一身冷汗。

最终，巩庆海参与研制和攻关的新技术全部得到了验证，“天宫一号”和“神舟八号”发射工作均取得了圆满成功。其中发射“神舟八号”轨道高度误差在10米以内，轨道倾角误差在0.001°以内，成功地验证了迭代制导技术，将运载火箭方法误差减小了一个数量级，实现了我国运载火箭制导技术的大跨越，创造了我国运载火箭入轨精度的新纪录。

## 许乔攻克“卡脖子”技术

科技是第一生产力。在科技进步中，中国面临许多“卡脖子”的技术问题。我国进入科技进步第一方阵的过程，就是攻克“卡脖子”技术的过程。

热核聚变能源是人类理想的干净能源。惯性约束聚变（ICF）目前是实现可控核聚变的主要技术途径之一。多年来，西方国家在KDP晶体（磷酸二氢钾晶体）加工技术及设备上，对我国进行了全面封锁。我国曾尝试通过多种途径获得高质量的晶体元件，却困难重重。许乔于1997年从浙江大学光电信息工程学系博士毕业后，成为中国科学院精密光学工程研究中心的研究人员。作为当时中心光学领域唯一的博士，许乔很快就被委以重任：解决KDP晶体加工这个“卡脖子”问题。

许乔带着几个初出茅庐的大学毕业生开始了晶体加工工艺攻关工作。他以单位为家，每天满负荷工作。同事心疼他，经常劝他回家休息，可是为了尽早攻关，他都拒绝了。

即便是在食堂吃午饭时，许乔也是边吃边与同事探讨技术问题，心思全在工艺细节上。他夜里加班进行实验，渴了就喝杯浓茶，饿了就泡碗方便面。

为了攻克核心技术，许乔到国外学习了两个月。因为工作太忙，他一个人经常没有时间做饭，常常随便凑合一顿。吃面包是最快捷的解决办法，偶尔吃吃速冻饺子已经是改善生活了，以至在回国时，许乔暗暗发誓：这辈子再也不吃面包和速冻饺子了。

通过许乔和团队艰辛的工艺攻关，大口径KDP晶体精密加工技术取得了重大突破，工艺指标达到国际先进水平，成功打破了西方国家对我国的技术封锁，使我国成为世界上仅有的几个掌握该项技术的国家之一。

## 屠呦呦发现青蒿素

屠呦呦发现了青蒿素，开创了疟疾治疗的新方法。她的名字出自《诗经》中的“呦呦鹿鸣，食野之蒿”。宋代朱熹注称：“蒿即青蒿也。”谁也没有想到，诗句中的野草改变了屠呦呦的一生。

1967年，国家启动“523”项目，旨在研究防治疟疾的新药。全国60多家科研单位的500多名科研人员组成了抗疟新药研发大军，屠呦呦临危受命，担任中草药抗疟研究组组长。

当时科研设备陈旧、科研水平不高，不少人认为这个任务难以完成。屠呦呦却铿锵有力地说：“没有行不行，只有肯不肯坚持。”她广泛收集历代医籍，查阅群众献方，请教老中医专家。仅用3个月时间，她就收集了2000多个方药，在此基础上精选了640个方药，编成了《疟疾单秘验方集》。在第一轮药物筛选与实验中，青蒿提取物对疟疾的抑制率不高，还不如胡椒有效果，研究一度陷入僵局。“重新埋下头去，看医书！”屠呦呦的坚持带动着大家，厚厚的医书被翻得书角卷起。

那时中国的科研环境十分艰苦，实验室设备简陋，连基本的通风设施都没有，任务时间又很紧迫。为加快提纯速度，课题组只好“土法上马”，用7个大水缸取代实验室常规提取容器来获得青蒿乙醚提取物。没有防护装备的科研人员接触了大量对身体有害的有机溶剂，出现了不同程度的病状，屠呦呦因此得了中毒性肝炎。

经过无数次实验，1971年10月4日，一双双眼睛盯着191号青蒿素提取样品抗疟实验的最后成果。随着检验成果的揭晓，整个实验室都沸腾了：该样品对于疟原虫的抑制率达到了100%。44年以后，2015年10月，屠呦呦获得了“诺贝尔生理学或医学奖”。

## “杂交水稻之父”袁隆平

在中国，提起袁隆平，可谓无人不知，无人不晓。他为了实现“禾下乘凉梦”和“杂交水稻覆盖全球梦”奋斗了一辈子。辞世之时，人们称他为“无双国士”。

20世纪70年代初，杂交水稻研究进入了重要的攻关阶段。有一次，杂交水稻验收，稻谷非但没有增产，稻草反而增加了近七成。有人就说起了风凉话：“可惜人不吃草，人要吃草，你这个杂交稻就大有发展前途。”袁隆平默不作声。他背着够吃好几个月的腊肉，转乘好几天的火车，前往云南、海南和广东等地，一路寻找合适的日照条件。

他几乎住在育种基地，甚至卸一块门板，铺一张草席，挂一顶蚊帐，就能入睡。两个儿子出生时，他都不在产房，而是在稻田。只要田里有稻子，他每天都下田。越是打雷、刮风、下雨，他越要到田里面去看看，看禾苗倒伏不倒伏，看哪些品种能够经得起大风。

经过长期的坚守和创新，袁隆平及其团队研究出一套籼型杂交水稻生产技术，解决了中国人民的吃饭问题，确保了我国乃至世界的粮食安全。此后，袁隆平还成功研制出“两系法”杂交水稻，创造了超级杂交稻技术体系。

2019年9月的一天，当袁隆平获得“共和国勋章”的消息传来时，他正在试验田里查看第三代杂交水稻的制种情况。启程去北京之前，他特意跟超级稻“告一下别”。参加完颁授仪式，他当天就要返回湖南，因为“明天又要去田里”。

袁隆平曾总结自己成功的“秘诀”：知识、汗水、灵感、机遇。有人问他，哪个最重要？这位以农民自居的科学家表示：书本很重要，电脑也很重要，但是书本和电脑都种不出水稻，只有在试验田里才能种出水稻。

# 劳动文艺创作

■ 劳动不仅表现为物质财富的创造，也包含着精神财富的创造。举世瞩目的中华文明在文学艺术等领域都曾取得杰出的成就。这些成就的取得，是中华民族智慧和灵性的结晶，也是中国人民长时间勤学苦练和探索研究的结果。

## 左丘明著《国语》

左丘明，春秋时期史学家，生卒年不详，鲁国人，他晚年患了眼疾，辞了官，带着大量史料和一些植株回到了家乡，一边耕作一边教书。

回到家乡后，他种地养蚕，眼疾愈发严重，不久后就双目失明了。失明对他打击沉重，最终他还是从绝望中走了出来，重新振作起来，并下定决心写一部历史著作传之后世。由于左丘明的眼睛看不见，无法书写，他就把自己的所见所闻统统口述给弟子，请自己的弟子记录下来，整理成书，名为《国语》。

《国语》一书既有西周末年至春秋时期各诸侯国的政闻要事，也有君臣谋议的得失之辞，是我国第一部国别体史书。这部书史料丰富，文字有趣，是后世研究春秋战国时期历史的重要文献。

## 屈原洞中苦读

屈原出身于楚国的没落贵族家庭，小时候的家境虽然不比鼎盛时期，但也衣食无忧。家中长辈非常注重对屈原的教育，他对自己要求非常严格。

屈原家不远处有一座山，山中环境空幽寂静，除了猎户到此打猎，平时鲜有人至。屈原在家中读书时，冬日里火盆烧得很旺，屋子里非常暖和，不一会儿，就昏昏欲睡。他想起古籍中记载的苦学故事，便想到家后面的山洞里读书。这样既能锻炼自己的心智，又能不打盹儿，好好读书。

屈原将这个想法告诉了家里人，却遭到了家人的一致反对。但是他不顾家人阻拦，只身带着书本来到山里，找了一处背风的山洞，开始读书。山中气温本来就低，洞中更是寒冷潮湿，没过多久，屈原的手脚就被冻肿了。于是，他起身跺跺脚、搓搓手，待身体暖和过来，就又开始坐在地上读书。家人看到屈原这么能吃苦，也就不再阻拦了。

屈原在山洞里苦读了3年，终于将《诗经》读懂读透了，为他后来创作《楚辞》奠定了坚实的文学基础。

## 凿壁借光

西汉著名经学家匡衡从小喜欢学习，可是家里很穷，买不起灯油，夜间无法学习。一天夜里，他躺在床上默诵白天读过的《诗经》时，发现邻居家灯火通明。

匡衡看到灯光把巨大的人影投映到墙上，于是灵机一动：我如果在墙的这边偷偷凿个洞，隔壁的灯光就能穿墙而过，照到我这小屋来，我不就可以借着这点亮光读书了吗？

他高兴地赶紧从床上爬了起来，找来一把凿子，在墙壁下方偏僻处凿了个小小的窟窿。顷刻间，灯光就照亮了一小块儿地方。他连忙从床头翻出《诗经》，凑到那一小块儿宝贵的光亮处，专心致志地读起书来。匡衡的父母看到他如此刻苦，都感到特别欣慰，但心里又备感酸楚。

从此以后，匡衡白天帮大人忙田里的农活，夜晚则借着那一小束从隔壁人家照过来的灯光，孜孜不倦地读书。后来，经过不懈努力，他终于成为一位有名的大学者。

## “草圣”张芝

东汉著名书法家张芝，自幼博通经史，勤学书法，被称为“草圣”。东汉朝廷曾多次征召他入朝为官，他都拒绝了。张芝练字不择纸笔，有时拿着抹布蘸水在石上写，有时执筷在桌上划，甚至家里准备缝制衣服的布帛，也都是他先书写后再染了颜色使用。另外，张芝对书写姿势十分讲究，常常对着铜镜挥毫，这样自己的正面和反面皆能通过镜面上的反光看得一清二楚。

为了便于练字，张芝在自己的家门前掘了一个方圆数丈的洗砚池。一天的功课做完后，他就到池塘边将砚台和毛笔上的余墨洗干净，以延长它们的使用寿命。他洗呀，洗呀，日子一久，整个池塘里的清水也被染黑了。后来，人们把练字称作“临池”，这个说法就是从张芝的学书法的故事中演变而来的。

张芝擅长隶书、行书、草书和飞白书，学崔瑗和杜操之法，晚年脱去旧习，省改章草的点画波磔，字字区分，创为气脉通畅、隔行不断的“一笔书”，即“今草”。

东晋王羲之对汉魏书迹首推钟繇、张芝两家，认为其余不足观。王羲之和王献之父子的草书，深受张芝的影响。

# 钟繇练字

三国时期的钟繇是曹操手下的大臣，也是大书法家。他的书法“点画之间，多有异趣”，开创了由隶入楷的新貌，对我国书法的发展贡献很大。

钟繇从小聪明好学，十一二岁时，就跟着书法前辈到处临摹秦汉摩崖石刻。他白天即使与人闲谈时，也常用树枝在地上练字。即使晚上睡在床上，他还是不停地用手指在被子上比画。通过不懈努力，钟繇书法大进。

一次，钟繇在韦诞家中看到一卷蔡邕的书法理论著作《九势八字诀》，爱不释手，请求韦诞借给他拿到家中看看。但韦诞对其视若珍宝，只同意他在家翻阅，不肯让他带走。后来韦诞去世，知情者悄悄地掘开他的坟墓，偷走了《九势八字诀》。钟繇知道后不惜用重金将它买下，终日拿在手中。有几次他去厕所，因揣摩字的间架结构入迷，半天没有出来，家人急得到处寻找他。

钟繇活了79岁，临终前手里拿着《九势八字诀》，对儿子钟会说：“吾精思三十余载，行坐未尝忘此，常读他书未能终尽，惟学其字，每见万类，悉书象之。若止息一处，则画其地，周广数步；若在寝息，则画其被，皆为之穿。”这段话，可说是钟繇一生学书经验的总结。

## 令人刮目相看的吕蒙

吕蒙是三国时期吴国的著名将领。此人英勇无比，武艺高强，曾打败过曹操的手下名将曹仁、曹洪，吴主孙权非常看重他。

吕蒙是一介武夫，长时间效命疆场，没有读过几本书。为此，鲁肃一直瞧不起他，觉得吕蒙不过是草莽英雄罢了。

孙权见吕蒙年轻有为，又身居要职，就劝他好好读书，不断提升自己。吕蒙说：“我军务繁忙，实在没有时间读书。”孙权耐心劝诫：“让你读书，不是让你去做皓首穷经的博士，只是希望你了解一些历史知识，做一个有见识的人。你应该抓紧时间阅读《孙子兵法》《六韬》《国语》等书，将来一定会有大出息。”孙权还用孔子、汉光武帝刘秀以及曹操读书的故事来劝导吕蒙。

此后，吕蒙勤奋读书。后来，鲁肃接任大都督，行军途中与吕蒙交流时局和政务。鲁肃深感吕蒙见解不凡，大为惊讶。鲁肃拍着吕蒙的肩膀说：“我原以为你除了打仗，别无长处。今日一见，才知道你是一个文武双全、才识广博的人，你已经不再是当年的吴下阿蒙了。”吕蒙笑着说：“士别三日，便当刮目相看啊。”意思是，读书学习可以促使人进步，不可用老眼光来看待他。

## 闻鸡起舞

东晋的祖逖是个胸怀坦荡、具有远大抱负的人。然而，他小时候却是个不爱读书的淘气孩子。进入青年时期，他意识到自己知识贫乏，深感不读书无以报效国家，于是开始发奋读书。他广泛阅读书籍，认真学习历史，学问大有长进。

他曾几次进出都城洛阳，与其接触过的人说，祖逖是个能辅佐帝王治理国家的人才。祖逖24岁时，曾有人推荐他去做官，但他拒绝了，仍然坚持不懈地努力读书。后来，祖逖和幼时的好友刘琨一起担任司州主簿。他与刘琨感情深厚，不仅同床而卧，同被而眠，而且有着共同的远大理想：建功立业，复兴晋国，成为国家的栋梁之材。

一天半夜，祖逖在睡梦中听到公鸡的鸣叫声，一脚把刘琨踢醒，对他说："你听见鸡叫了吗？"刘琨说："半夜听见鸡叫不吉利。"祖逖说："我倒不这样想，咱们干脆以后听见鸡叫就起床练剑如何？"刘琨欣然同意。于是，他们每天听见鸡叫后就起床练剑，剑光飞舞，剑声铿锵。

冬去春来，寒来暑往，他们从未间断。果然，功夫不负有心人，经过长期的刻苦学习和训练，两人都成为能文能武的全才，既能写得一手好文章，又能带兵打仗。祖逖被封为镇西将军，实现了他报效国家的愿望；刘琨做了征北中郎将，兼管并、冀、幽三州的军事，也充分发挥了他的文才武略。

# 王羲之潜心苦学

王羲之是东晋著名书法家，被誉为“书圣”。五六岁时，拜卫夫人为师学习书法。每天起早贪黑地练字，简直都入了迷。

一天，卫夫人看了王羲之写的字后大吃一惊，对别人说：“这孩子一定是领悟到书法的秘诀了，他最近写的字，已达到成年人的水平，将来在书法方面的成就一定会超过我。”王羲之并没有因为老师的称赞而沾沾自喜，骄傲自满。他临帖更用心，学习更刻苦了，甚至到了废寝忘食的地步。

有一次吃午饭，书童送来了王羲之最爱吃的蒜泥和馍馍，几次催他快吃，他却连头也不抬，像没听见一样，专心致志地看帖、写字。饭都凉了，书童没有办法，只好去请王羲之的母亲来劝他吃饭。

母亲来到书房时，看见王羲之手里正拿着一块沾了墨汁的馍馍往嘴里塞，弄得满嘴乌黑。原来王羲之在吃馍馍时，眼睛仍然看着字，脑子里也在想着这个字应该怎么写才好，结果错把墨汁当作蒜泥给吃了。母亲看到这情景，忍不住笑了起来。王羲之还不知道发生了什么，当听到母亲的笑声时，还说：“今天的蒜泥可真香啊！”

王羲之数十年如一日，勤学苦练，临帖不辍，练就了扎实的书法功底，为他以后成为著名书法家奠定了基础。

## 王献之练字用尽十八缸水

东晋大书法家王羲之有“书圣”之称，其子王献之也是历史上有名的大书法家。

王献之是王羲之的第7个儿子，自幼聪明好学。他练字练到第5年时，将一大堆写好的字拿给父亲看，希望得到父亲的赞扬。谁知，父亲一张张掀过，一个劲儿地摇头。当掀到一个“大”字时，父亲露出了较满意的表情，随手在“大”字下填了一个点儿，然后将字稿全部退还给王献之。

王献之心里不服气，又将全部习字抱给母亲看。母亲指着王羲之在“大”字下加的那个点儿，叹了口气，说：“这个点儿写得不错，有些你父亲的风范了。”王献之听完后，知道了自己和父亲的差距，继续锲而不舍地苦练书法。功夫不负有心人，他练字用尽了十八缸水，终于练就了一手好字。

后来，王献之的字达到力透纸背、炉火纯青的程度，最终成为一代书法大家，与父亲齐名，并称“二王”。

## 囊萤映雪

车胤，晋代南平人，少年时勤奋好学，但是家境贫困，家中没有多余的钱买灯油供他晚上读书。

一个夏天的晚上，车胤正在院子里背诵文章，忽然看见许多萤火虫在空中飞舞。一闪一闪的光点，在黑暗中显得有些耀眼。他想：如果把许多萤火虫集中在一起，不就成为一盏灯了吗？于是，他抓了几十只萤火虫，放到白布缝制的口袋里，再扎住袋口，把袋子吊起来，靠着口袋里萤火虫发出的光亮来读书。光虽然不怎么明亮，但勉强可以用来看书。从此，只要有萤火虫，他就去抓一把来当灯用。他借着萤火虫发出的微弱光亮，夜以继日地苦读，后以博学知名，历任中书侍郎、护军将军、吏部尚书等。

孙康，晋代京兆人，幼时酷爱读书，但是由于家道中落，没钱买油点灯，一到天黑，就无法读书。为此，他经常辗转难眠。

一个隆冬的深夜，孙康从睡梦中醒来，发现窗缝里透过来一丝光亮。原来，那是大雪映射出来的，他便想到可以借助雪光来看书。于是，他睡意全无，立即穿好衣服，取出书籍，来到屋外。广阔的大地上映出的雪光显得格外亮堂。此后，每逢有雪的晚上，他就会借助雪光孜孜不倦地读书。

## 牛角挂书

一次，隋炀帝回宫时，恰逢李密当值，便仔细地打量了一下他，然后问身边的一位大臣：“那个侍卫是谁？”大臣回答：“他是已经去世的蒲山公李宽的儿子，名叫李密。”隋炀帝继续说：“我看此人相貌不端，以后别让他在宫里当侍卫了。”

大臣心地善良，觉得如果直接赶李密出宫，会让李密很难过。于是，他对李密说：“我觉得你非常有天资，像你这样的人应该凭才学来获得官职，而不是做一个每天处理琐碎事务的宫廷侍卫。所以，我希望你能好好读书，不要把时间浪费在一些没用的事情上。”李密听了这位大臣的话，深受鼓舞。于是，他回到家里，开始专心致志地读书。

一次，李密听说缑山有一位叫包恺的饱学之士，想去拜访他。李密用蒲草做成鞍，放在牛背上，并在牛角上挂了一卷《汉书》，然后就骑着牛出发了。他骑着牛一只手拉着牛绳，一只手翻书阅读，看得十分专注。路上的行人都被他这种奇怪的行为吸引。

这时，越国公杨素刚好坐车经过这里。他看到坐在牛背上专心读书的李密，心想：这个书生一定勤奋好学。于是，他让驾车的仆人放慢车速，慢慢跟在李密的后面。

当李密看完一本书，准备再换一本的时候，杨素急忙下车走上前问：“年轻人，你叫什么名字？”李密急忙放下书，礼貌地回答：“我叫李密。”杨素又问：“你读的是什么书？”“我正在读《汉书》中的《项羽传》。我非常喜欢项羽，我觉得他是一个大英雄。”李密说。接着，杨素亲切地跟李密交谈了一会儿。他觉得这个少年是个有志向的人，将来一定会有一番大作为。他鼓励李密，说：“你一定要时刻保持这种好学的品质呀！”

杨素回家后，把途中遇到李密的事情告诉了儿子杨玄感，并说：“我觉得李密的学识和才能比你们几个兄弟都要好。将来你们有什么重要的事，可以找他商量。”杨玄感听后，决定去拜访李密。来往频繁后，杨玄感和李密渐渐成了好朋友。后来，好学并且爱思考的李密精通兵法，于隋朝末年成为起义军首领。

## 呕心沥血的李贺

李贺是唐代著名的诗人，从小聪慧过人。7岁时就已经会作诗了，10岁便开始出名。文坛前辈韩愈和皇甫湜等人都非常欣赏他。

李贺身姿细瘦，双眉相连，手指甲很长，读书很努力，刻苦作诗，写文章的速度也很快。每天早上出门，与朋友们一同游玩时，李贺不会先拟好题目再作诗，也不会像其他人那样牵强附和古人的诗作，更不会被格式所限制，喜欢在日常生活中寻找素材。

他常常带着一名小书童，骑着一匹瘦马，背着一个破破烂烂的书囊就出门了，碰上什么，有了感触和心得，就马上记在纸条上，再放到书囊里。等晚上回到家中，他的母亲让婢女去查看李贺的书囊，发现他写了很多纸条。母亲满怀怜爱地说："这孩子非得把心呕出来才肯罢休啊！"

李贺的一生很短暂，只活到27岁，但他留下了不少千古名句，如"天若有情天亦老""雄鸡一唱天下白"等，都是其呕心沥血所作。

## “百代画圣”吴道子

吴道子，河南阳翟人，唐代著名的画家，被称为“百代画圣”，擅长画佛道、神鬼、人物、山水、鸟兽、草木等，代表作有《天王送子图》《十指钟馗图》等。

《卢氏杂记》中记载：一次，吴道子去拜访某位僧人，欲讨杯茶喝，但此僧对他不太礼貌。他很气愤，就拿来笔砚，在僧房墙壁上画了一头驴，然后离开了。不料一天晚上，他画的驴变成了真驴，而且异常恼怒，满屋尥蹶子，把僧房的物品都给践踏得乱七八糟，一片狼藉。僧人知道是吴道子所画的驴在作怪，只好去恳求吴道子，请他把墙壁上的画涂抹掉。墙壁上的驴被抹掉后，僧房中再也没有出现过怪异之事。

吴道子的艺术成就表现在很多方面，其中最为人津津乐道的是其独具风格的宗教画。吴道子的宗教画善于塑造人物特征，形象真实生动，具有强烈的感染力，在当时产生了很大的影响。吴道子不仅能画各种接地气的宗教画，还是个绘画全才，在山水、花鸟、桥梁、房舍等方面无一不精。

唐玄宗曾经命吴道子绘制蜀中嘉陵江，吴道子凝神挥笔，只用了一天就画出了嘉陵江三百里的旖旎风光，引得玄宗赞不绝口。苏东坡评价：“画至于吴道子，而古今之变，天下之能事毕矣。”

## 厉归真画虎

厉归真是五代时期著名的画家，擅长画走兽和禽鸟，其笔下的老虎更是达到了炉火纯青的地步。

然而，刚开始画老虎时，厉归真笔下的老虎没有虎威虎气，甚至被人们称为“死老虎”。为此，厉归真感到十分苦恼，但是他并没有退缩，反而下定决心要把“死老虎”画成“活老虎”。

此后，他每天一大早就备足干粮和笔墨纸砚，前往猛虎经常出没的荒山野岭，等待老虎的出现。可是，很多天过去了，他连老虎的影子都没有见到。

后来山民告诉他，老虎习惯白天伏在密林中休息，常常晚上出来捕食。于是，他便找了一棵较大的树，在树上搭了一个隐蔽的棚子，并在棚子里住了下来。

果然，一到晚上，老虎就会出来捕食。厉归真用心观察老虎出没的情形，仔细观察老虎的各种动态：坐、伏、蹲等种种姿态和神貌，特别是老虎发威时的雄姿。他把观察到的形象用白描的手法记录下来，日子久了，积累了大量的老虎画稿，为画好老虎打下扎实的基础。

为了更进一步弄清老虎的运动姿态，他专门向猎户买了一张虎皮，并将虎皮披在自己身上，模仿老虎的种种动作，在家里蹦蹦跳跳，仔细琢磨老虎的神态特征，以便增强画虎的想象力。

经过一段艰苦的丛林生活后，厉归真画虎的技艺大有长进，画的老虎栩栩如生，有猛虎下山，有饿虎扑羊，还有仰天长啸。昔日嘲笑厉归真的人都对他刮目相待。大家争着买他画的老虎，一时间，厉归真家门庭若市。

## 唐汝洵作诗

明末诗人唐汝洵出身于书香之家，自幼喜好读书，3岁时就认识几百个字。5岁那年，他不幸得了天花。虽然后来病被治好了，但是他的两只眼睛却再也看不见了。

起初，唐汝洵非常痛苦。过了一段时间，他冷静下来了，心想：只要我勤奋努力，即使两只眼睛看不见也照样能学习。于是，每逢哥哥读书时，他便坐在旁边用心地听，一边听一边认真思考其中的道理。

唐汝洵模仿古人的结绳记事，在绳子上打上了各种各样的结来代表诗句，还用刀子在木板或竹片上刻出各种各样的刀痕以代表文字。哥哥不在家时，他就摸着这些绳结和刀痕，大声地朗读。他用这些办法记住了不少诗。

后来，唐汝洵还学着作诗。作诗时，若是有人在身边，他就念出来，请人家帮他写在纸上；若是没有人帮他写，他就用结绳和刻刀痕的办法把诗记下来，然后再请人写到纸上。唐汝洵就是用这样的办法，作了1000多首诗，成为有名的诗人。

## 郑板桥画竹

郑板桥在山东潍县当知县时，酷爱画竹，深知自己画竹的技艺不如当地的郭秀才，但是他并没有气馁。他发现郭秀才家的南园里有一大片竹林，就仔细观察，把竹子的根、梢、节、叶全部看在眼里记在心里，回家后便挥笔作画。就这样，他每月都去南园观竹，坚持了七年之久，积累的画作有好几车，技艺大长。

卸任那年，临行前，郑板桥带上酒肴来到郭秀才家。喝罢酒，他要作画留念，郭秀才便亲自铺纸研墨，精心伺候。

郑板桥早已胸有成竹，抓起笔来，“刷刷刷”几笔，3根竹子便跃然纸上。郭秀才惊奇地说道：“真神妙！”郭秀才心想，七年前郑板桥画竹子的水平可是比自己差一大截，从那以后就再也没见他当面画过竹子……

没等郑板桥放下笔，郭秀才开玩笑地说：“板桥兄是什么时候把我南园的竹子‘偷’去的？”郑板桥笑着说：“仁兄，这竹子可不是偷的，这是我用七年的心血换来的。”

说罢，郑板桥顺手在画上题了一首诗：“七载春风在潍县，爱看修竹郭家园。今日写来还赠郭，令人长忆旧华轩。”此后，郑板桥的名气越来越大，成为清代最有代表性的文人画家之一。

## 樊燮教子

清末，永州总兵樊燮去长沙谒见湖南巡抚骆秉章。骆让樊参见师爷左宗棠，樊不愿向左行礼，并出言顶撞："我乃朝廷正二品总兵，岂有向四品幕僚请安的道理？"左宗棠盛怒，跳起来用脚踹樊总兵，还高声骂道："王八蛋，滚出去。"

二人纠葛一直闹到咸丰皇帝那里，清廷因为镇压太平天国急需用人，故而作出了迁就左宗棠的决定，樊燮被革职回籍。樊燮忍辱含垢回到原籍湖北恩施，建了一栋楼房。楼房建成之日，樊燮把"王八蛋，滚出去"这六个字写在小木板上，放在家里供祖宗神位的牌子下面，名为洗辱牌。

此后，他重金聘请名师为两个儿子执教，不准两个儿子下楼，并且给儿子们穿上女人的衣裤，立下家规："考秀才进学，脱外女服；中举人，脱内女服；中进士，焚洗辱牌，告先人以无罪。"二子谨受父命，在书案上刻下"左宗棠可杀"五字，寒窗苦读，闭门不出。

后来，樊燮二子一中进士，一中举人，特别是老二樊山，中进士、点翰林，最终做到参与军机的高位，还是个大诗人。樊山进士及第高中报捷那天，兄弟俩恭恭敬敬地到父亲坟头报喜，当众焚烧"王八蛋，滚出去"木牌。

# 一生勤劳的齐白石

齐白石是一位杰出的书画家、篆刻家，出生在一个贫农家庭，早年因生活所迫而辍学，在家里放牛砍柴。他从小就特别勤劳，每天天一亮，就把家里的牛赶到山上，再去砍柴。日落以后，他才赶着牛，让牛驮着柴回家。15岁开始学做木工，16岁改学雕刻。他给人家干活，从来不偷懒。每天早晨上工，一直到别人都休息了，他也不闲着。师傅非常欣赏齐白石的勤奋，于是，尽心尽力地把最好的手艺都传给了他。

后来，齐白石凭借惊人的天分和辛勤的努力自学成才，成长为一名大画家。从他自学绘画一直到他成名的70年里，他每天都在画画、篆刻，即使偶尔间断一天，第二天也一定会补上。85岁那年，有一天，他连续画了4张条幅，到吃饭时，他又挥笔作画1幅，并在画上题字："昨日大风，心绪不宁，不曾作画，今朝至此补之，不教一日闲过也。"

齐白石一生只有三次间断过画画：第一次是62岁时，他生了一场大病，七天七夜起不了床；第二次是64岁时，由于母亲去世，他悲痛万分，几天没有画画；第三次是95岁时，他因为生病，不能起床作画。三次间断的时间，加起来也就一个月左右。据不完全统计，齐白石一生作画4万多幅，写诗约千首，刻印3000多方。1953年，齐白石已经是90岁高龄。这一年，他还画了600多幅画，几乎每天都要作两幅画。

除了画画，他每天还会户外劳动。为了方便作画，他坚持亲手种植花木、饲养虫鸟。每天一大早起来，第一件事就是浇水喂鸟，他从来不怕麻烦。有时候，他外出写生回来很晚，也会先把花木鸟虫照看好了再去休息。齐白石能成为杰出的书画家和篆刻家，与他勤劳忘我的精神是分不开的。

# 鲁迅先生爱劳动

鲁迅先生爱劳动，具有劳动人民勤劳和俭朴的生活作风。他冬天在家里自己砸煤，出门时自己拿行李，凡是力所能及的事情，总是亲自去做。鲁迅先生做事总是不遗余力，全力以赴地把事情做好。

在逝世前两天，鲁迅先生还在写《因太炎先生而想起的二三事》，这是鲁迅先生的最后一篇文章。鲁迅先生从事文学创作30年，留下遗著670万字，平均每月有将近2万字的创作。他还要给各类人等逐行逐字地校阅稿件，替别人抄写、编排、校对、设计稿件，跑书店和印刷所等。这些劳动都是无法用字数来衡量的。

此外，鲁迅先生还承担着不少文字工作以外的劳动。他寄给人家的信件，信封往往是用人家寄给他的信封反过来糊制而成的。他每次接到邮寄的包裹，总是小心翼翼地拆开，把包装纸按大小叠在一起，有的用来糊信封，有的用来包书。就连捆包裹用的绳子，他也要细心地解开放好，准备寄书用。

## 钱基博教子

文史大家钱基博有一个青出于蓝的儿子钱锺书。对于钱锺书而言，钱基博是出了名的严父。

钱锺书从小就被过继给伯父钱基成。伯父非常溺爱他，这让他逐渐染上了晚起晚睡、贪吃贪玩的坏习惯。钱基博想管教钱锺书，又担心兄长生气，所以敢怒不敢言。

伯父去世后，钱锺书由父亲直接管教。他才思敏捷，只要静下心来读书，几乎都是过目成诵。与伙伴们玩耍时，常信口开河，臧否古今人物。钱基博便为他改字为“默存”，告诫他少说多做，以防口生祸端。

1923年，父亲赴清华大学任教，钱锺书已考上桃坞中学。每当检查课业时，父亲都对钱锺书的作文不满意，要求他“单日作诗，双日作文”。钱锺书从此开始大量阅读，渐渐可以代父亲写信，由口授而代写，由代写信而代作文章。

1929年，钱锺书考入清华大学，就读于外文系。父亲钱基博已因病回南方，任教于圣约翰大学。父亲时常写信给儿子，告诫他：“做一仁人君子，比做一名士尤切要。”父亲希望钱锺书“淡泊明志，宁静致远”，做一个像诸葛亮那样的人。

入校不久，钱锺书就因超高的国文、英文水平名震校园，父亲钱基博在信中说：“现在外间物论，谓汝文章胜我，学问过我，我固心喜；然不如人称汝笃实过我，力行过我，我尤心慰。”

后来，钱锺书留洋归来被清华大学破例聘为教授，次年转赴国立蓝田师范学院任英文系主任，钱基博此时任该校中文系主任。父子同校为教授，在当时传为佳话。

## 高玉宝写书

中国著名军旅作家高玉宝15岁做劳工，17岁学木匠手艺。1947年，高玉宝光荣地参加了中国人民解放军。入伍之前，高玉宝基本上是个文盲战士，但他心怀写书的理想。

高玉宝想在行军路上学写字，但是没有笔、纸、桌椅，也没有书和老师，更没有时间。怎么学呢？他捡起薄石片和碎瓦片，请识字的人用铁钉在上面刻上“红、黄、蓝、天、地、人”等字，在心里默记字的形状、笔画及其字意。后来，高玉宝决定写一本书。杀人的“杀”字不会写，他先画个人，然后在人脖子上再画一把刀。还有很多字，很难画出字的意思，他就画个圈圈来代替，等向别人问清楚后再把画填到圈圈里。部队南征北战打了许多大胜仗，在这些战斗中，高玉宝先后荣立6次大功、2次小功。他跟随部队从北方打到南方，一直到湖南、广西、广东。他一路行军作战，一路艰难地学字写书。

1951年1月28日，他终于用1年零5个月的时间写出了20多万字的自传体长篇小说《高玉宝》的草稿。《高玉宝》一书出版后，在国内有7种少数民族文字版本出版发行，在国外有近20种文字版本出版发行。《半夜鸡叫》等著名篇目还入选了小学语文教材，并被制成木偶电影，可谓影响巨大。

## 秦礼刚和云梦皮影

中国皮影戏艺术有2000多年的历史，其中云梦皮影戏影响较大，至今仍然演出不断。秦礼刚是首批国家级非物质文化遗产项目云梦皮影戏的传承人。从1978年开始从事皮影艺术事业，为了让云梦皮影戏能够延续和传承，他更新了皮影人物材料，创作新剧本，自豪地说："我的皮影戏剧目能够连续演5年，天天不重样，从唐宋元明清，一直唱到清朝道光皇帝。"

秦礼刚从小就是皮影戏迷，只要有人来村里演皮影戏，他场场必到，还经常瞒着父母去城里看皮影戏。他边看边学，积累演皮影戏的经验。

在27岁那年，秦礼刚决定拜师学艺，刚开始时被师傅回绝了。秦礼刚说："第一个师傅嫌我年龄大，加上我要下地干活，白天没时间，他始终不愿收我为徒。"于是，秦礼刚又找到第二个师傅，经过一番波折后，终于成功拜师。秦礼刚学戏很勤奋，在三伏天，多数皮影戏艺人都在休息，他却在茶馆里卖力表演，还请师傅专门去家里指导。就这样，本来要做3年学徒才能入行，秦礼刚却只用了1年多的时间就入了行。久而久之，他不仅学会了许多传统的剧目，而且创作出许多新的剧目。

2010年，秦礼刚带着皮影戏走出了国门，先后在法国、俄罗斯、韩国等地表演，收获了不少国外粉丝。

劳动

大国工匠

■ 执着专注、精益求精、一丝不苟、追求卓越的工匠精神，是我们开启新征程，从制造业大国迈向制造业强国不可或缺的时代精神。大国工匠之所以备受尊崇，是因为他们都有一个共同的追求，那就是在平凡的岗位上把本职工作做到极致。

# 火箭“心脏”焊接人高凤林

火箭的研制离不开众多院士、教授、高级工程师，但火箭从蓝图落到实物，靠的是一个个焊接点的累积，靠的是一位位普通工人的精湛技艺。

高凤林出生于1962年，有许多头衔。他是“全国劳动模范”，也是全国总工会兼职副主席。2018年当选“大国工匠年度人物”，2019年入选“最美奋斗者”。

参加工作40多年来，高凤林一直在坚持做一件事：为火箭焊“心脏”——发动机喷管焊接。我国“长三甲”系列运载火箭、“长征五号”运载火箭的氢氧发动机喷管，其焊接工作都是由他亲手完成的。在此过程中，他攻克了200多个航天焊接难关。

有的实验，需要在高温下持续操作。焊件表面温度达几百摄氏度，高凤林的双手被烤得鼓起一串串水泡，但他仍然咬牙坚持。每个火箭高达20层楼，重数百吨，仅是一个螺丝出了问题，就可能使它在飞行中轰然解体。因此，每次焊接对高凤林来说都是巨大的挑战。

在他的焊接生涯中，难度最大的要数“长征五号”。“长征五号”焊点宽0.16毫米、管壁厚0.33毫米，焊枪多停留0.1秒就可能把管子烧穿，高凤林需要通过3万多次精密的焊接操作，才能把它们编织在一起。焊缝细到接近头发丝，而长度相当于绕一个标准足球场两周。高凤林说，在焊接时得紧盯着微小的焊缝，一眨眼就会有闪失。

高凤林的焊接技艺高超，曾有人开出“高薪加两套北京住房”的诱人条件聘请他。高凤林拒绝了，他觉得每当看到自己的成果升入太空，就有满满的自豪感，这是用金钱买不到的。正是这份自豪感，让高凤林一直坚守在自己的岗位上。专注做一样东西，创造别人认为不可能的可能，高凤林用40余年的坚守，诠释了一个航天匠人对理想信念的执着追求。

## “火药雕刻师”徐立平

徐立平是中国航天科技集团第四研究院7416厂固体火箭发动机燃料药面整形组的高级技师，是我国航天固体推进剂整形技术领域的领军人物，获得“最美航天人”、“全国五一劳动奖章”、“时代楷模”、“感动中国”2015年度人物等荣誉。

自1987年入厂以来，徐立平一直为导弹固体燃料发动机的火药进行微整形。固体燃料发动机是导弹装备的“心脏”，也是发射载人飞船火箭的关键部件，其制造有上千道工序，要求最高的工序之一就是发动机固体燃料的微整形。雕刻固体燃料，也就是在火药上动刀，极其危险，稍有不慎就会蹭出火花，进而可能引起燃烧，甚至爆炸。

火药整形在全世界都是一个难题，这项工作无法完全用机器代替。雕刻火药的力道，完全要靠工人自己判断，火药整形不可逆，一旦切多了，或者留下刀痕，药面精度与设计不符，发动机点火之后，火药就不能按照预定走向燃烧，发动机很可能会偏离轨道，甚至爆炸。固体发动机药面精度允许的最大误差是0.5毫米，而经徐立平之手雕刻出的火药药面误差却不超过0.2毫米，这让他的师傅都望尘莫及。

正如他办公室墙面上写的，“刀刀保精度，丝丝系安全，抬望航天梦，俯刻匠人心”，这不仅是他对自己工作的要求，更是一个大国工匠的真实写照。

## 韩利萍的“毫厘精神”

1971年出生的韩利萍，是中国航天科技集团下属企业的一名数控铣工。她先后攻克了“神舟飞船”“长征五号”“长征七号”等火箭发射平台的零件技术难题，以毫厘不差的精准，托举火箭的腾飞。

刚生产的零件是否合格，韩利萍一摸便知。1毫米，对于常人而言可以忽略不计，而在韩利萍眼中，1毫米就是100丝。发射“天舟一号”的“长征七号”火箭，重量达600吨，包含4万多个零件。韩利萍负责加工的“四通均流阀”是其中的关键零件之一。每一个阀孔的加工精度都必须控制在2丝以内，相当于2根蚕丝粗，加工粗糙度仅有1.6微米。更难的是，要把数控机床的19把刀具一次装卡，73个孔要在两天之内不停机地加工完毕。韩利萍说：“这个零件精度要求太高了，废一个就全部废了，每一步都得非常小心。”上万个程序一步都不能错，73个孔加工出来都要毫厘不差。

航天无小事，成败在毫厘。1/100毫米的丝和1/1000毫米的微米才是韩利萍心中的尺寸。韩利萍说：“这么多年来，我一直都在跟我的机床做‘闺蜜’，一路走来付出很多，走的路也比较笨，但收获了技术，收获了自信。”

近年来，韩利萍荣获“全国五一劳动奖章”，成为被央视报道的大国工匠，还成立了国家级技能大师工作室，以期为国家培养更多优秀的高技能人才。

## “蛟龙”号上的“两丝”钳工

顾秋亮是中国船舶重工集团的一位钳工，自1972年开始在第七〇二研究所工作，先后参加或主持过数十项机械加工和大型工程项目的安装调试工作，安装经验丰富、技术水平过硬。2019年，荣获“最美职工”称号。

“蛟龙”号是中国自行设计、自主集成研制的深度载人潜水器，组装起来没有任何可以借鉴的经验，顾秋亮和同事只能一点点摸索。“蛟龙”号深海载人潜水器有十几万个零部件，组装的最大难度就是密封性，精密度要求达到了“丝”级。球体与玻璃的接触面要控制在0.2丝（1丝等于0.01毫米）以下，相当于一根头发丝粗细的1/50。而在中国载人潜水器的组装中，能达到这个精密度的只有钳工顾秋亮。正是因为有这样的绝活儿，顾秋亮被称为“顾两丝”。

顾秋亮对“蛟龙”号感情深厚。在进行7000米海下试验时，他面临两难的选择：妻子身患重病住院，他接到新的试验任务。经过艰难的思想斗争后，他选择继续执行海上试验任务。他说：“一路走来，我精心呵护着它，伴随它成长，为它整理行装、包扎伤口、精心手术、穿上新装，看它踏上征程，我希望亲自护送它完成其‘成人’前的最后一次考验。”这位倔强的汉子将对亲人的牵挂深深埋藏在心底，全身心投入海上试验工作。他用自己的实际行动诠释了新时代的工匠精神。

## 国产大飞机的首席钳工

胡双钱是中国商飞大飞机制造首席钳工，被称为航空“手艺人”，曾先后参与“运-10”、C919大型客机等项目。航空工业都是精细活，大飞机的零件加工精度相当于人的头发丝粗细的1/3。经胡双钱手完成的零件，没有一个次品。在中国民用航空生产一线，很少有人比他更有发言权。

胡双钱从小就喜欢飞机。小时候，为了看飞机，他不惜从家步行两个多小时到大场机场附近，躲在跑道边的农田里看飞机起落。炎炎夏日，他常常被水沟边的蚊虫叮得满身是包。

胡双钱自技校毕业后进入上海飞机制造有限公司。一入职，学钣铆工的他就被分配到专业不对口的机加车间钳工工段。一些人走掉了，可老实憨厚的胡双钱选择了留下。凭着“只要能造飞机，自己坚决服从组织分配”的一股劲儿，他开始了自己的钳工生涯。

胡双钱经常做的工作是按流程给正在修理的大型飞机拧螺丝、上保险、安装外部零部件。他有一个习惯，每天睡觉前在脑海中“放电影”，回顾一下当天的工作。有一天，他回想工作时，对“上保险”这一环节感到不踏实。半夜里，他骑着自行车赶到单位，在拆去层层外部零部件后，保险醒目地出现了，他一颗悬着的心总算放了下来。从此，每做完一步，他都会定睛看上几秒再进入下一道工序。

一分耕耘一分收获，胡双钱的努力得到了认可，他获得了不少荣誉：2002年获“上海市质量金奖”，2009年获“全国五一劳动奖章”，2015年被评为“全国劳动模范”，2016年获“最美职工”称号。

## 高铁研磨师宁允展

近年来，中国在高铁技术上取得了举世瞩目的成就。在打造“中国高铁”这张名片的过程中，有一位不可或缺的人物，他就是高铁首席研磨师宁允展。他是中国第一位从事高铁转向架“定位臂”研磨的工人，也是这道工序最高技能水平的代表，被同行称为“鼻祖”，也是全国道德模范、全国交通技术能手。

宁允展是人们眼中的“多面手”，既会钳工、焊工，又会电工操作。这些技能都是他在工作之余自学的。上班时，他需要对着机器8个小时，回家后他继续钻研。2012年，自费购买车床、打磨机和电焊机，将家里30多平方米的小院改造成了一个“小型工厂”。正是凭着这种创新创造、探索不止的劲头，他有多项工装发明成果在实际工作中得到应用。

凭着在高铁研磨方面的高超技术，宁允展当上了研磨班班长，但没过几年，他便主动辞去了班长职务，潜心研究工艺改进和工装发明，做起了高铁生产线上的“疑难杂症”处理专家。宁允展说：“我不是完人，但我的产品一定是完美的。”想做到这一点，需要一辈子踏踏实实做手艺。宁允展的工作本上写着这样一句话：将工作做到极致，将产品做成精品、做成艺术品，这是身为高铁工人应该有的追求。

## 高铁焊接专家李万君

1987年7月，李万君从职业高中毕业，进入中车长春轨道客车股份有限公司，在转向架制造中心焊接一车间当电焊工。多年来，他创造出“拽枪式右焊法”等20余项转向架焊接操作法，及时解决了高铁生产的诸多问题。

每天中午，大家都在午休，李万君却在琢磨工艺；下班后，大家都回家了，他仍蹲在车间练个不停。练习时没有材料，李万君就到处捡废铁。他把本厂名师拜了个遍，还向其他厂的师傅学习。厂里要求每人每月焊100个水箱，李万君总会多焊20个；厂里两年发一套工作服，但他一年就得磨破四五套衣服。20米外，只要听到焊接声，李万君就能判断出电流电压的大小、焊缝的宽窄、焊接质量如何。

2007年，时速250公里的动车组开始试制生产。万事开头难，刚开始生产动车时，厂里没有任何经验，都是由外国专家来指导，还要依赖国外厂商的核心技术和核心零部件。高速动车组的核心技术之一是转向架，转向架的核心技术之一是构架焊接。

转向架环口要承载50吨的车体重量，这对焊接成型质量的要求极高。“能否一枪把这个环口焊下来呢？”李万君决心破解这道难题。经过1个月的反复钻研摸索，他总结出“构架环口焊接7步操作法”，一枪焊完整个环口。李万君创造的焊接新方法，让国外专家都对中国工人竖起了大拇指。

李万君从一名普通焊工成长为高铁焊接专家，在中国高铁领先世界的进程中，发挥了重要作用。他因此荣获“感动中国”2016年度人物、2018年“大国工匠年度人物”等称号。

## 高铁医生罗昭强

中国的高铁技术处于世界领先水平。“复兴号”高铁列车的知识产权完全归中国自主所有，它在出厂前的最后一道工序就是调试。中车长春轨道客车有限公司的罗昭强和工友就是这最后一道工序的把关者。

罗昭强说做调试工作好比给高铁看病，看起来轻松平常，其实难度极高。动车组涉及的所有技术，调试工必须全部通晓。早些年，中国有能力从事该工种的人才极为稀缺，在全国范围内尚不足2000人。高铁调试工作既要调又得试，可面对价值上亿元的动车组，师傅们往往因为担心新人毛手毛脚地误操作把列车整瘫痪了，所以不敢让新人动手操作。这种情况严重制约了新人的成长。面对这一难题，罗昭强有了一个想法：用造价便宜的通用器件来替代昂贵的列车部件，创造一种高速列车整车调试环境模拟技术，让受训人员可以随时实际操作。

高速动车是高度集成的复杂系统，一列动车，拥有4000余张电气原理图和近6000张逻辑控制图，每一个变量的变化，都会导致车辆状态的变化。罗昭强不畏困难，从图纸学起，不断查阅资料，遇到不懂的问题，就请教专家和一线工人。当罗昭强把自己精心设计的图纸交给厂家时，厂家很快就把图纸退了回来，理由是过于复杂，做不了。罗昭强没有放弃，他自己带着徒弟干。最终，

"CRH3型高速动车组调试操作实训装置"诞生了。每个模块都可以模拟动车的不同故障，训练调试工人排查故障的能力，以往两三年的培训周期被缩短到了半年以内，这让调试工增长的速度跟上了中国高铁迅猛发展的步伐。

后来，中国工程院、中国科学院专家评价该项目时一致认为，这是一项不可多得的由工人完成的科技成果，其水平达到国际先进水平，填补了国内空白，充分体现了高铁工人的创新能力。罗昭强凭借这一成果获得了"2018年度国家科学技术进步奖二等奖"。

# 知识型新工人巨晓林

巨晓林是中国中铁电气化局集团第一工程有限公司的技术员，先后参加过大秦线、京郑线、哈大线、京沪高铁等10余项国家铁路重点工程建设，创新施工方法143项。从一名普通的农民工成长为知识型新工人，他用拼搏和汗水谱写出人生的精彩华章。

巨晓林所从事的铁路接触网施工是一个技术密集型工种，为了掌握施工技术，他买了《钣金工艺》《机械制图》《接触网》等30多本专业书。无论工地转移到哪里，巨晓林都把这些书带在身边，抓住一切可以利用的时间去学习。后来，项目部领导为了支持他学习，特批宿舍熄灯时间推迟1个小时。工友们也主动送给他专业书，还给他买笔记本，鼓励他学习。

1989年夏天，巨晓林和工友们在北同蒲铁路工地进行接触网架线作业。当时，每到一个悬挂点，都要有人肩扛电线爬上爬下，十分辛苦。他用一个铁丝套挂住滑轮试了试，一下子就省了不少劲儿。随后，他立即把这个方法告诉了工长，在工长的号召下，大家都按照他说的办法架线，效率顿时提高了两倍。当他看到自己的“点子”得到工友们的认可时，心里乐开了花。从此，他的工作服口袋里多了一个小本子，无论在施工中碰到什么问题，他都会随手记下来，一有空儿就琢磨，养成了爱动脑子的好习惯。

随着我国铁路的快速发展，越来越多农民工来到铁路电气化工地。看到新工友学习接触网技术很吃力，巨晓林萌生了编写一部工具书的想法，想通过工具书把自己的经验传授给大家。经过3年多的艰苦努力，他编写了《接触网施工经验和方法》。该书被配发给行业内数千名接触网工作者作为工具书。2018年9月，《巨晓林工作法——接触网施工》出版，该书全面总结了接触网的施工方法，具有良好的实用价值。

巨晓林从一位普通的农民工成长为高技能人才，用实际行动诠释了劳动者的魅力和风采。他被评为“全国劳动模范”，荣获“全国五一劳动奖章”，以及“改革先锋”“最美奋斗者”等称号。

## 三峡工匠李然

三峡枢纽工程作为“大国重器”，推动长江经济带高质量发展，对保障航运安全畅通高效至关重要。李然作为长江三峡通航管理局升船机管理处的技术主管，和同事们一起负责“葛洲坝—三峡”航道船闸的运行和维护工作。

2005年，李然进入长江三峡通航管理局，参与负责三峡船闸的维护、检修工作。长江三峡通航管理局当时打算研制一款新的检修设备，李然主动请缨。他在简陋的工作间屡败屡试，连续加班22天，每天只睡4个小时，终于研制出“人字门同步顶升系统”，用数十米高的现场资料为长江三峡通航管理局赢得首个国家实用专利。

寒冬腊月的北方滴水成冰，在别人都在忙着准备回家过年时，李然依然坚持待在实验室，和同事们一起做实验。实验室没有暖气，他脸上满是冻伤，手肿得像馒头，却从没喊过苦叫过累。8年的船闸检修经验，使李然熟悉上千个零部件的原理、构造、用途，制定出上百套应急检修预案和数千件专门定制化工具。他还追本溯源，根据各个零部件的特点，结合船闸实际情况，量身定制了几百个重要零部件。

在同事眼中，李然是“破冰专家”，是引航者；在业内人眼中，他是当之无愧的技术管理精英。2017年，

“李然劳模创新工作室”在三峡升船机现场正式组建，在李然的培养下，一大批青年职工逐步成长为升船机运行维护的“行家里手”。守护好、运行好大国重器，早已成为李然最坚定的追求与最崇高的信念。

## 自学成才的许振超

许振超，青岛港前湾集装箱码头有限责任公司固机高级经理。他立足本职，苦练技术，自学成才，持续破解了众多安全生产难题，填补了国际技术空白，为国家节约了成本，在平凡的岗位上做出了不平凡的业绩。

1984年，青岛港开始筹建专业集装箱公司，当时34岁的许振超被选为青岛港第一批集装箱桥吊司机。就在大家干劲十足的时候，唯一的桥吊却出现故障停机了。因为核心技术掌握在国外厂家手里，企业只能高薪聘请外方专家来修理桥吊。

技术难题的答案都在桥吊控制板上，许振超每天下班，都会带上备用控制板，回家后就对着台灯仔细观察，一笔一笔地绘制电路图。他前前后后用了4年时间，一共倒推了12块模板，绘制了整整两大摞完整详尽的电路图。

凭着这股劲儿，他逐步掌握了各类桥吊技术参数和设备性能，不仅能排除一般的机械故障，还能修复精密部件。多年来，他一直坚持自学，家里与机械、电气有关的书籍、报刊等摆满了书橱，光高校教材就有50多本。他读过的各类书籍有2000多册，写了近80万字的读书笔记。终于，功夫不负有心人，他学出了名堂，由一名普通工人成长为名副其实的桥吊专家。

许振超曾说："咱当不了科学家，但可以做个能工巧匠，练一身绝活，同样无愧于时代。"他不仅练就了"一钩准""一钩净""无声响操作"等基本功，还带出了"王啸飞燕""显新穿针""刘洋神绳"等一大批工人品牌。

许振超为国家作出了巨大贡献，国家也给予了他巨大荣誉。他先后荣获"全国劳动模范""全国优秀共产党员"等称号，2018年被授予"改革先锋"称号，2019年被授予"最美奋斗者"称号。

## 工艺美术师孟剑锋

孟剑锋是北京工美集团的一名錾刻工艺师，无数的国礼和纪念章都出自他的精心制作。他始终追求极致，对作品负责，对口碑负责，对自己的良心负责，将诚实劳动内化于心，为中国制造提供品质保障。

孟剑锋自己最满意的一幅作品是“《和美》纯银丝巾果盘”。为了做出草藤编织的粗糙感和丝巾的柔美光感，孟剑锋反复琢磨、试验，制作了近30把錾子，最小的一把錾子在放大镜下做了5天。一把横截面为2.5平方毫米的錾子，一共有20多道细纹。每道细纹大约为0.07毫米，相当于头发丝粗细。在厚度只有0.6毫米的银片上，不仅下手时要稳准狠，而且要特别留神，不能錾透了，只要有一次失误，就会前功尽弃。

果盘需要4个中国结作为支撑，工艺标准并没有规定它们必须是手工加工。技师们建议用机械铸造，再焊接到果盘上。这个建议显然速度更快，也更容易操作，但是用机器做出来的底托特别呆板，没有生命力。孟剑锋决定全部用纯手工方式编织，用直径约3毫米的银丝编织中国结，先高温加热使银丝软化，然后在温度降低、银丝变硬前迅速编织。需要注意的是，每弯一次需要重新再加温，孟剑锋褪很多遍火才成型。为了编织底托，孟剑锋的手被烫出水泡，水泡磨破了，汗水一浸钻心地疼。

就这样，他咬牙坚持奋战了3个月。慢慢地，他手上磨出了厚厚的茧子，食指都变形了，一根手指像两根手指那么粗。他怕影响工作，就用钳子剪去手上的死皮，接着干。他认为，机械做的全一样，没有灵气。手工作品透着制作者的心血。

孟剑锋最初选择成为一名工艺美术从业者，是为了“学门手艺养家糊口”；如今，他已是国家高级工艺美术技师，认为自己最大的责任是将技艺传承下去，他说：“一辈子只干一件事，跟自己去比。”

## 捞纸大师周东红

著名画家李可染曾言："没有好的宣纸，就作不出传世的好国画。"一张宣纸从投料到成纸，需要100多道工序，决定宣纸成败的就是捞纸这道工序。

所谓"捞纸"，就是两位师傅站在水泥铸就的纸槽两头，面对着一纸槽的宣纸浆水，共同抄起纸帘，在水里打捞纸浆，一分钟至少有两个来回。周东红就是一名捞纸工，国内不少著名的书画家都点名要他做的宣纸。

1986年，周东红怀揣着满腔热情来到泾县宣纸厂从事捞纸工作。为了尽快全面掌握捞纸的各项技术要点，他在做学徒期间，每天坚持早上班、迟下班，仔细揣摩、钻研捞纸技艺要领，遇到不懂的技术难题，就虚心向师傅请教。

自真正掌握捞纸技巧的第二年起，周东红总是超额完成工作任务。他每天需要在纸槽边站12个小时以上，常年需要在凌晨4点进入工作岗位，到下午5点才能离开。他的手由于长年累月浸泡在水里，烂了又烂。多年来，周东红到底加了多少班，只有他的手知道。由于周东红的基本功扎实，他捞的宣纸每100张的重量误差仅为2克左右，始终保持着成品率100%、产品对路率97%的纪录。

周东红以工匠精神对待宣纸事业，以过人的敬业精神追求人生理想，在本职工作中创造出辉煌的业绩。

他曾荣获“首届大国工匠”“全国劳动模范”“最美职工”“中国好人”等称号，赋予了传承千年的宣纸技艺新的时代价值。

## 玉雕大师宋世义

宋世义，中国工艺美术大师、中国玉雕大师、国家级非物质文化遗产项目（玉雕）代表性传承人。1964年毕业于北京工艺美术学校，后步入玉雕行业，师从王树森等著名玉雕艺人。在长期的刻苦钻研和不断探索中，他凭借较高的文化理论修养、广博的知识、扎实的雕塑绘画基础和丰富的生产实践经验闻名玉雕界。

宋世义技法全面，手法多变，作品题材广泛，从巨制到小件，从浮雕到圆雕，从风景到人物，从传统到现代，无不涉足。其代表性作品有玛瑙《西双版纳月亮》《敦煌掠影》《童子观音》《香山九老图山子》《白玉花丝镶嵌普度众生》《丝绸之路》等。《人民日报》和中央电视台等都曾介绍过他的作品和艺术成就。

宋世义从小喜欢看书、画画、唱戏。初中毕业时，他执意报考了北京工艺美术学校，从此开启了自己的“艺术人生”。毕业以后，他进入玉雕厂，学习期间，干杂活、修工具、给师哥端茶倒水、给师傅刷痰桶等，什么脏活累活都干。

历经近20年的漫长岁月，宋世义从一个小学徒变成了行业内的名人。作为国家级非物质文化遗产项目的传承人，宋世义认为，以前社会上普遍存在一个认知误区：如果孩子学习不好，家境又差，那就送去磨玉。事实上，做玉雕非常需要有学问，否则只能成为流水线上的工人，做一辈子的重复劳动。所以，他特别强调玉雕界应该吸纳高学历人才。退休后，宋世义成立了自己的玉雕工作室，致力于把一生所学传授给年轻人。

## 敦煌研究院修复师李云鹤

李云鹤，2018年“大国工匠年度人物”，是被誉为“壁画医生”的敦煌研究院著名文物修复师，也是甘肃省唯一的入选者。

李云鹤长期从事古代壁画和彩塑的修复工作，是这方面的修复专家。60年来，他面壁工作2万余天，撰写修复日记100余本，修复壁画近4000平方米，修复塑像500余身。他是国内石窟整体异地搬迁复原成功第一人，也是国内成功运用金属骨架修复保护壁画获得成功的第一人。

敦煌的冬天特别冷，李云鹤干活却特别起劲儿，经常是汗水湿透了衣服，衣服又结了冰。李云鹤年轻时，有老同志曾对他说：“小李慢点干，沙子这么多，你又不能一天把它清完。”但他的习惯是要做就做好，总是每天天刚蒙蒙亮就到洞窟工作，天黑才回宿舍。

一天，所长常书鸿把他叫到办公室，说：“小李，我准备交给你一项任务，这个任务以前没有人做过，是敦煌壁画和彩塑的保护工作，你愿不愿意干？”李云鹤坚定地答道：“虽然我什么都不会，但我什么都愿意学着干！”

李云鹤从零开始，跟文献研究所的雕塑家孙继元学习塑像雕刻，跟敦煌的“活字典”史苇湘学习线描、临摹，跟其他老师在洞窟里学习临摹壁画以及各种与文物保护相关的工作。两年多时间，李云鹤几乎寸步不离地跟在老师们的身后，常常学至深夜才离开。几十年来，李云鹤的文物修复工作越做越精，他在工匠之路上不断求新求变，开拓出许多国内首创的修复技术。他常常教导学生："对文物工作要有感情，要爱护她，珍惜她，知道她的可贵，才能用心去保护她。"

退休后，敦煌研究院让老干部去兰州生活，因为那边医疗条件好些，李云鹤却把院里分配给他的在兰州的房子退了，带着家人继续住在敦煌。他说："这辈子哪儿也不想去了，莫高窟就是我永远的家，这里有我激情的创业岁月和美好的青春记忆。"李云鹤数十年如一日，以实际行动守护着人类的文化瑰宝，真正诠释了"坚守大漠、甘于奉献、勇于担当、开拓进取"的"莫高精神"。

## 环卫工李德

根据中国住建部门公布的数据，全国有200多万名环卫工人。他们是城市的守护者，也是城市的美容师，更是值得尊敬的劳动者。

河北省沧州市运河区的李德，是环卫工中的佼佼者，从掏粪工人到技术专家，从一线工人到公厕管理站站长，他从未离开过基层岗位。他扎根环卫一线，刻苦钻研，取得了106项技术创新成果，其中9项技术成果获国家专利，4项技术成果填补了国内特种设备领域的空白。他让一个听着“有味道”的工作彻底变成了“无味道”作业。李德曾坦言：“这些成绩都是拿命换来的。”

2004年，在既没有样车也没有资料的情况下，李德开始没日没夜地摸索尝试，心中想的全是小型吸污车的图纸。由于工作过于劳累，在持续高压下，他突发心脏病。实际上，早在1993年，李德就因累到虚脱，休克过一次。医生特意叮嘱李德：“这是先天性的心肌肥厚，必须静养，半年内不能干累活儿，更不能着急生气。”而李德只在医院里住了一个星期，回家休息了一个星期，就重新回到工作岗位。

李德身上有大大小小的20多处伤疤，每一处都差点儿令他残疾。有一次，在切割零件时，李德右手大拇指被削掉一块肉，血流不止，但他只是简单包扎了一下又接着工作。就算右眼球被钢管击中导致发炎，他也是“睁只眼闭只眼”坚持把车修好。左胳膊上的伤更是多到数不清，直到现在还能看到被钢筋穿透留下的伤疤。右腿膝盖部位有一处皮包骨头，走起路来偶尔还会痛。尽管如此，这些年来，他从未停止过磨炼自己。

2018年5月，李德从1000多名全国技术能手中脱颖而出，被选入“大国工匠”高技能人才国情研修班，和其他来自全国各地、各行各业的69名顶尖人才一起学习。面对荣誉，他却说：“技能大师我不敢当，我只是想利用自己的技能去改善环卫工人的工作环境，提高他们的‘幸福指数’，让他们的工作更体面，更有尊严。”